セバスチャン=カステリョ

カステリョ

•人と思想

出村　彰 著

120

CenturyBooks 清水書院

はじめに

観光都市ジュネーヴ。レマン湖沿いに展開する繁華街を外れて、南東の山手に少し入った静かな一廓《いっかく》に、シャンペルと呼ばれる地域がある。現在ではすっかり市街の一部となり、大規模な病院や高層住宅などが立ち並ぶが、かつては処刑場として怖れられていた場所である。ミシェル＝セルヴェ通りと名付けられた道路のゆるやかな坂を登って行くと、まわりの深い木立の緑が印象的な一基の記念碑が目に留まるだろう。セルヴェトゥス事件の「贖罪《しょくざい》」の碑として知られるこの石碑の表には、大要以下のような文章が刻み込まれている。

偉大なるわれわれの宗教改革者カルヴァンを
敬愛し、感謝するわれら子孫は、
彼の時代につきものだった誤謬《ごびゅう》に断罪を下し、
宗教改革と福音のまことの原理に従って
良心の自由に固執すべく、

セルヴェトゥスの贖罪碑

この贖罪碑を建立する
一九〇三年一〇月二七日

記念碑の建立に積極的に関わった者たちの中には、大版で七巻にも及ぶ膨大なカルヴァン研究書の著者エミール＝ドゥメルグの名が含まれることは、とくに印象的である。

この碑の建立から正確に三五〇年前の一五五三年一〇月二七日、このシャンペルの丘でスペイン生まれの奇才ミカエル＝セルヴェトゥス（ミゲル＝セルベト Michael Servetus, Miguel Serveto）は、その多彩な生涯を火刑柱の猛煙の中で閉じた。そのいきさつの詳細は本文で明らかにするところであるが、彼にかぶせられた罪名は、伝統的なキリスト教教義の中でも最も重要とされる「三位一体」論の否定であった。「セルヴェトゥス事件」を一つのきっかけとして、良心の自由、宗教的寛容の問題がヨーロッパの心ある人々の関心を占めるようになり、その実現にはさらに数百年の歳月と、多くのあまりにも多くの、血と涙と汗とインクとが必要だったとしても、やがては全人類の貴重な精神的資産として確立へと向かうのである。文字どおり、その口火を切ったのが、本書の主人公であるセバスチャン＝カステリョ（Sebastianus Castellio, Sébastien Castellion）その人にほかならない。

セルヴェトゥス事件から四五〇年、今日では思想・信条の自由という理念は常識の一部となり、それに基づく政治と宗教の分離は近代化の指標とさえなったかのごとくである。しかし、現実には、世界の各地には、宗教上の対立・葛藤に起因する無数の悲劇が繰り返され、その犠牲者も絶えることがない。さらに、既成の「宗教」の枠を、特定の政治的・社会的態度決定である「イデオロギー」にまで広げて見るならば、口にするだにおぞましい惨劇が数百万、数千万という単位で繰り返されたのが私たちの二〇世紀であった。その意味では、この四〇〇年間の教訓はいったい何だったのだろうかと問わずにはおられない。

そうして見ると、学べること、学ばねばならないことは、まだまだ少なくないのである。

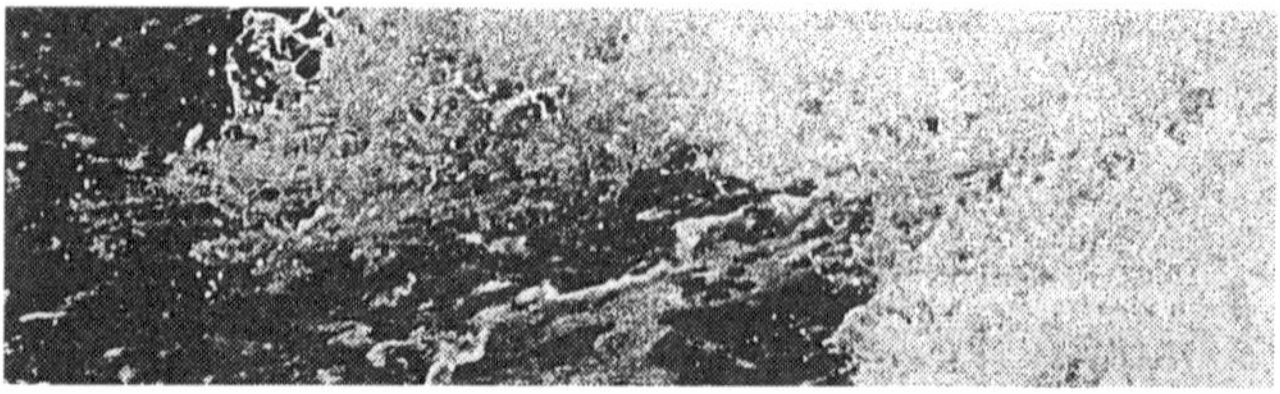

目次

凡例

固有名詞については、原則として地名はその土地の発音を、人名についてはその人の母国語の発音を用いたが、一六世紀と現代との相違も少なくないので、一般的慣習に従った場合も多い。主として依拠したのは『キリスト教人名辞典』(日本基督教団出版局、一九八六)、『キリスト教大事典』(教文館、一九六八)および『西洋人名辞典』(岩波書店)などである。

聖書の書名、そこからの引用は、文脈から差障りのないかぎり、原則として「新共同訳」によった。

注記は本書の性格からも、できるかぎり簡略にするように努めた。ただし、一六世紀の原典からの引用はなるべく引用個所を明示するようにした。その他の二次文献は、現在容易に入手可能なものに限ることにした。もっと本格的な学術書となる際に徹底を期したい。

挿入した写真などの多くは著者自身の撮影によるが、一々明記することはしなかった。いくぶんでも読者の理解を助けることになれば幸いである。

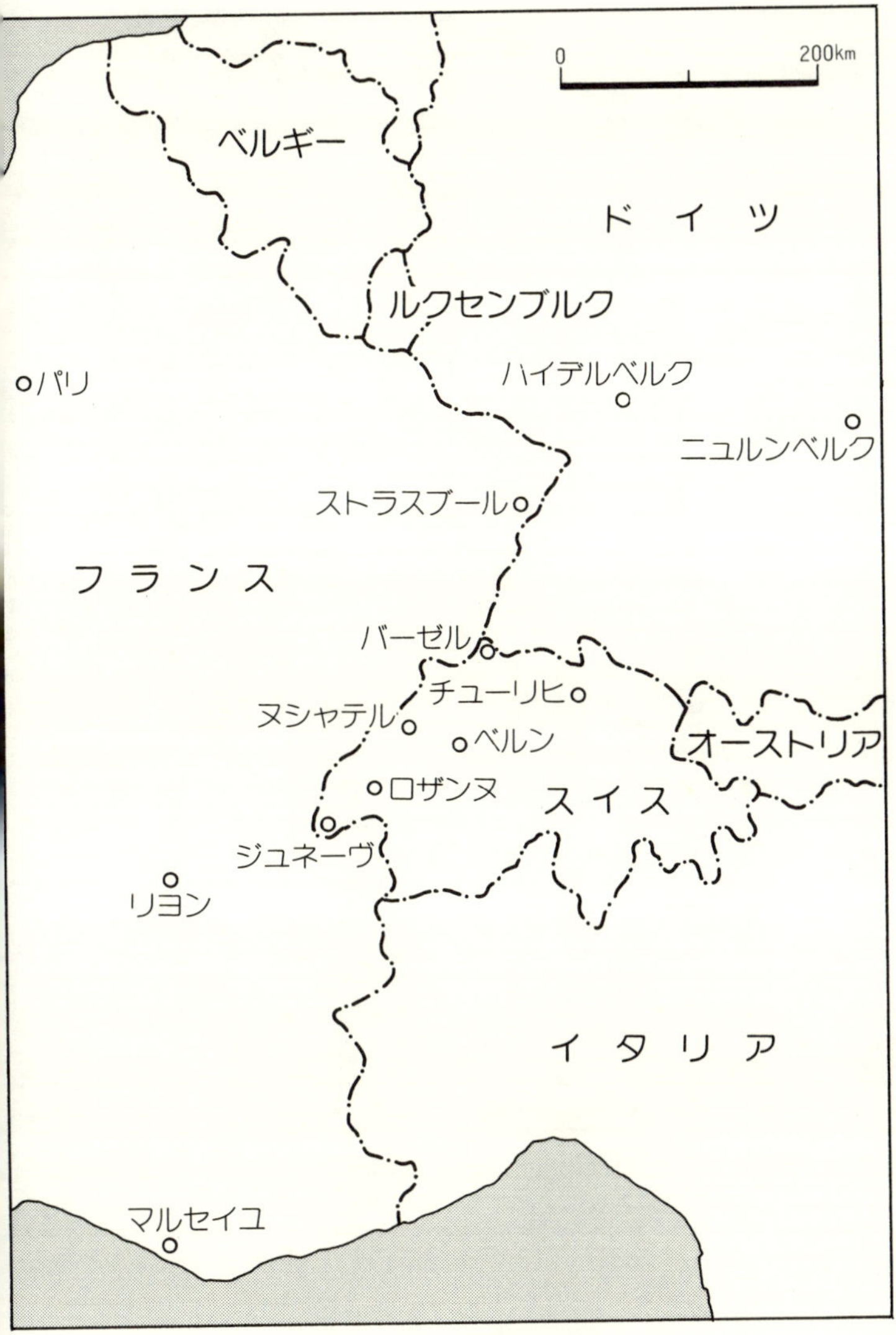
0
200km
ベルギー
ドイツ
ルクセンブルク
パリ
ハイデルベルク
ニュルンベルク
ストラスブール
フランス
バーゼル
チューリヒ
ヌシャテル
ベルン
オーストリア
ロザンヌ
スイス
ジュネーヴ
リヨン
イタリア
マルセイユ

カステリョ関連地図

I　良心の攻めぎあい

出生と形成

出生の地

ローヌ河はアルプスの秀峰マッターホルンの氷河に源を持つ。急峻を流れ下って、一度ジュネーヴでレマン湖に流れ込み、さらにフランス第二の都会リヨンに到り、そこからは南行する大河となって、マルセーユで地中海へと注ぐ。この地方一帯は古来から独自の言語、文化、生活を形作り、はるか北のパリを中心とする体制に対し強く自立を唱え続けてきた。プロヴァンス、ラングドックと西に道をたどり、ピレネー山脈を越えれば、もうスペインである。

冬の何ケ月かは重苦しい曇天に支配される北フランスとは異なって、ローヌ河沿いに吹き下ろす北風（ミストラルと呼ばれる）が雲を吹き払う南フランスでは、冬でも青空が広がり、太陽が輝く。それはあのゴッホの描く色彩豊かな世界である。風土がどこまで、そこに住む人間の心情や思索の中味を決定するものかは、にわかに判断しがたいとしても、開かれた南の「のびやかさ」が、じっと寒さに耐える北の「こだわり」と少しも違わないものだろうか。いずれにせよ、後に相対するカルヴァンが生を受けたのが、パリからさらに二百数十キロも北に寄ったピカルディ地方のノワヨンなら、他方、カステリョの出生の地は、リヨンからローヌの谷に沿ってジュネーヴに至る途中、ナンテュアの町から七キロほど西に寄ったサン-マルタン-デュ-フレヌ（St. Martin du Fresne）と呼ば

れる小さな村であった。今ではそこに小さな記念碑が建てられている。(1)

出生の年日・家名

あまりに当然かも知れないが、一六世紀に生きた庶民ひとりびとりの出生の月日は確かめようがない。一般論として、日本の過去帳からもわかるとおり、死去の日付は残されるが、生まれた日、あるいは少なくとも、洗礼を受けた日を比較的正確に記録するようになるのは、宗教改革以降のことである。受洗日の守護聖人の名がクリスチャンネームとなるのが常だったが、セバスチャンの名のもとになる伝説的な殉教者聖人セバスティアーヌスの祝日は一月一〇日であるとしても、カステリョが生まれたのが一五一五年だったこと以外は何も知られていない。いずれにしても、カルヴァンよりは六歳ほど年下だったことになる。カルヴァンは一五〇九年七月一〇日の出生であった。

すでに四、五人の子供のあった両親は、村のごくごく平凡な農民であった。後にカステリョ自身の語るところによれば、父親は宗教の事柄について格別な知識も関心も持ち合わせていなかったが、それでも子供たちには、日ごろ次の二つについて口やかましく注意を怠らなかったという。それは盗みと嘘の禁止であった。一六世紀のヨーロッパは全体として多雨・冷涼で、乏しい生活の維持は並大抵ではなかったらしいが、父親クロードは、最低限の人間の品位については、それなりの誇りを持っていたことがわかる。

ついでに家名について一言すれば、もともとはシャティヨン（Châtillon, Châteillon）であったらしい。後になって当時の人文主義者の慣わしに従って、これをラテン語風の綴りに変えて用いることにしたのである。[2] そう言えば、カルヴァンの場合でも、本来のフランス語の綴りではコヴァン（Cauvin）であったものを、ラテン語化してカルヴィヌス（Calvinus）と表記するようになったのである。

初等教育

おそらく村の小さな学校でラテン語の初歩を修めたセバスチャンは、リヨンの町へ勉強に赴く。リヨンはラテン語でルグドゥヌムと呼ばれたローマの帝政時代から、今日の南フランス、当時のゴール地方の中心都市で、すでに紀元二世紀末には、有名な殉教者司教エイレーナイオス（二〇〇頃没）の名と結び付けられている。中世末のこの頃も、豊かなローヌ河の水流を利用する物産の集散地、また製紙・印刷・出版の拠点として、さらに当時最新の学問である人文主義の香りの高い文化都市として聞こえていた。フランソワ゠ラブレー（一五五三没）を頂点とする人文主義の華が咲いたのもこのリヨンであった。それだけに、ライン河のかなたのドイツでルター（一五四六没）の福音主義宗教改革の火の手が上がると、真っ先に敏感な反応を示すのもこの町リヨンであった。一五三〇年代前半、カルヴァンがカトリック信仰から福音主義へと「突然の回心」を経験した北の都パリと同様に、リヨンもまた燃えていた。

何歳で、いつのことであったかははっきりしないが、セバスチャンが入学したのはコレージュ＝ド＝ラ＝トリニテ（三位一体学寮）であった。そこでセバスチャンは当時の人文主義教育の型どおりに、ラテン語とギリシャ語とを修得する。前述のように、彼が姓名の綴りを変えたのもこの頃のことであった。はじめは、セバスティアヌス＝カスタリオ（Castallio）と綴ったらしい。カスタリアとはギリシャ神話に出てくる泉の名で、学芸の守護女神ミューズの霊感の源と考えられていた。ここにもギリシャ、ラテンの古典文学に傾倒する若き学徒の気負いのようなものが感じられよう。間もなく、彼はさらにカステリョと綴り直すことになる。

フランスの宗教事情

今、このような短い紙幅で、当時のフランスの宗教的状況を概説することは困難であるが、大まかなところ、一方では、ドイツのルターやスイスのツヴィングリ（一五三一没）が代表するような、福音主義による教会と社会の改革運動がフランス国内にも浸透していた。他方では、前者ほど徹底かつ完全にカトリック教会の権威や慣習を否定することなしに、しかも内部から漸進的な改変を目指す「福音的カトリック」と呼ばれる流れがあった。さらには、いかなる変革にも根強い抵抗を示す旧信仰派、それに加えて、このような宗教上の教義や制度をめぐる争いには超然とした姿勢を保つ、ラブレーやモンテーニュ（一五九二没）のような少数の精神的エリートまで、国内にはあらゆる立場が入り乱れて対立していたのが実情である。

ツヴィングリ像

パリを拠点とする王室は政治と宗教のはざまにあって、時にはカトリックに支援を与え、時にはルター派の「異端」をも黙認するなど、その政治姿勢は決して一貫したものではなかった。このような状況は一六世紀いっぱい続き、アンリ四世の「ナント勅令」にまで至るのである。こうしてフランスは、そして全ヨーロッパは、「信仰分裂」の悲劇にきしみ、うめき、苦悩することになる。

一五四〇年一月、三名の「ルター派」が、「異端」の故をもって、生きながらリヨンで火刑に処せられた。もはや、中間の立場はなくなっていた。はっきりと態度を表明しなければならない時が来ていた。この数年の経過を、もっと明白に確かめることのできるカルヴァンの生涯からたどるならば、一五三三年一一月一日、友人のニコラス＝コップはパリ大学総長就任演説をきっかけとして、ルター派の嫌疑によって召喚を受け、スイスのバーゼルに亡命する。カルヴァンもまた逮捕直前にパリから逃亡、翌年一〇月にはストラスブールに亡命、さらに翌一五三五年一月にはバーゼルに移り、夏までには『キリスト教綱要』初版の原稿を完成、翌年三月にこれを出版、ただちにイタリアに赴く。帰途、立ち寄ったジュネーヴで旧知のファレル（一五六五没）と出会い、ジュネーヴ改革運動に加わることを承諾させられる。しかし、一五三八年四月にはジュネーヴ市当局との激突から追放に処せられてストラスブールに亡命、三年後の一五四一年九月、再びジュネーヴに招かれて帰任する。この間も『キリスト教綱要』に校訂・増補の手を加え続ける。このように、カルヴァンにとっても激動の一〇年であった。カステリョとカルヴァンの出会いの時が近い。

セルヴェトゥス

そして、どうしても言い忘れてはならないもう一つの名前、カステリョとカルヴァンの悲劇的対決の直接の因となった人物、それは、セルヴェトゥスである。すでにバーゼルでもストラスブールでも、その名が見え隠れしていたセルヴェトゥスは、聖なる三位一体の教義の否定のかどにより、ヨーロッパ中のお尋ね者となって、ひそかに潜入したのが、ほかならぬこの町リヨンであった。第II章で触れることであるが、一五四〇年からはリヨンにほど近いヴィエンヌの町で医術を開業し、翌年からはこともあろうに、土地の大司教の侍医にまで取り立てられて、運命の一五五三年にまで及ぶのである。もっとも、セルヴェトゥスが身分を隠してリヨンに現われた時には、カステリョはすでにこの地を後に亡命の途に着いていたので、二人がリヨンで顔と顔とを合わせて知己の仲となる機会はなかったはずである。

ストラスブール亡命

カステリョがいつ頃、どのようないきさつから福音主義に転じたのかは何もわかっていない。独り聖書に沈潜した末の個人的決断だったのかも知れないし、死をさえ恐れない殉教者の不動の信念に感動したからかも知れない。のちの信教の自由の擁護者は、決して優柔不断な相対主義者ではなくて、自分の所信のためならば、故国も生活も敢然と捨てるだけの勇気の持主であった。それだけに、信教の自由、宗教的相互寛容への叫びも、実感と実体を伴っていたと言えるだろう(3)。

カトリック側の追及の故に、もはやこれ以上のリヨン在住が危険になった時、カステリョは北に走って、ストラスブール(ドイツ語の発音ではシュトラースブルク)に亡命の地を求めた。ストラスブールはリヨンがローヌ河に依存すると同じように、ライン河を介する交易によって繁栄を支えてきた町であった。この帝国自由都市は、早くからリヨンと同様に、製紙・印刷・製本の中心として知られ、市内には有力な印刷業者が軒を並べ、ヨーロッパ各地の図書市に書籍を送り出していた。ドイツとフランスの二つの文化の交差点に位置し、政治的にも言語的にも豊かな国際都市であったストラスブールは、アルサス＝ロレーヌと呼ばれて、おのずと思想的・宗教的寛容の気風を育ててきた。たとえば、一歩誤れば中世カトリック体制の批判や否定にまで連なりかねない神秘主義の系譜も、このライン河沿いの町に根付き、そこからラインの流れに乗って下流のネーデルランド地方へと運ばれていった。ストラスブール市政府は一五二〇年代半ばには福音主義に踏み切り、今も残る壮麗な大聖堂教会に教座を置いてきた大司教も、市から放逐されていた。それでも、一五三〇年代早々までは、再洗礼派のような福音主義の内側での急進思想の持ち主さえ、この町の伝統的な寛容の恩恵にあずかることができていたのである。一言にして、ストラスブールはあらゆる正統・非正統思想の「るつぼ」そのものであった。セルヴェトゥスも一時、この町に身を潜めたことは前に述べたとおりである。

カルヴァンとの出会い

宗教的寛容という一般的背景もあったにせよ、カステリョがストラスブールを「逃れの町」と定めたのは、前に述べたような事情からジャン＝カルヴァンが、当時この地で亡命生活を送っていたからである。カステリョはカルヴァンに惹きつけられるかのように、ストラスブールへと道を急ぐのであった。カルヴァンがどのような事情から、いくつも歳下のカステリョと知己の仲となったのかは、推量のすべさえもない。いずれにしても、ストラスブールに到着したカステリョは、カルヴァンの家で旅装を解くことになる。一五四〇年五月、カステリョは二五歳であった。なお、この時までまだ独身だったカルヴァンは、同じ年の八月にイドレット＝ド＝ビュル（一五四九没）と結婚している。ついでながら、イドレットの死去した前夫はかつて再洗礼派に属し、カルヴァンの説得によって国

ストラスブールの聖マルティン教会

教会に復帰したと言われる。もっとも、カステリョがカルヴァンの家に寄留したのは僅か数日間のことだったので、新婚生活を妨げたはずもない。

カルヴァンは当時、ストラスブール在住のフランス人亡命者たちが作っていた教会を牧すると共に、福音主義の説教者養成学校の神学講師でもあった。カルヴァンに心酔していたカステリョにとって、カルヴァンやその庇護者の牧師たち――マルティン＝ブツァー（一五五一没）、ヴォルフガング＝カーピト（一五四一没）、マテーウス＝ツェル（一五四八没）、そしてカスパル＝ヘディオ（一五五二没）――加えるにヨーロッパきっての教育者として知られたヨハンネス＝シュトゥルム（一五八九没）など、文字どおり巨星を仰ぐ思いだったに違いない。この交わりの中で、カルヴァンもまた『キリスト教綱要』の改訂、そのフランス語訳、「ローマの信徒への手紙」註解の執筆と多忙であった。また、福音主義陣営の若き旗手として、カトリックの枢機卿サドレート（一五四七没）に有名な公開書簡を書き送る。要するに、この町に宿っていたのは、文字どおり「教養に裏打ちされた敬虔」（pietas litterata）そのものであった。

この「街道筋の町」（シュトラースブルクの意味）はラテン語ではアルゲンティヌム、すなわち「白銀の町」と呼ばれたが、シュトゥルムらによって一五三八年七月に開設された高等学院（ギムナージウム）は、白銀の町を飾るにふさわしく、初等・中等教育の上に語学、科学、医学、法学、そしてもちろんのこと神学の各分野を講述し、一五六六年には大学（アカデミー）にまで発展する。

確かな資料は何も残っていないが、二五歳の若きカステリョもまた、この知的饗宴に心ゆくまであずかったであろう。カステリョがここストラスブールで身につけたものを二つ数えることができる。一つは、生涯変わることのなかった「寛容の精神」、すなわち、異なった立場を受容する開かれた精神であり、もう一つは、教育あるいは教化・教導の可能性への確信そのものであった。やがてはカステリョ自身も、この時代の偉大な教育者の一人として成長することになる。(4)

もっとも、カステリョのストラスブール滞在も長くはなかった。一五四一年夏、カルヴァンはジュネーヴ市当局のたっての懇請を、不承不承ながらも聞き入れて、「世界中でこれほど恐ろしい所はない」とまで感じていたかつての任地ジュネーヴに、「悲しみと、涙と、そして大きな不安と苦悩」を抱きながらも、自分の「心臓を神の御前に犠牲として奉献する」覚悟を固めて帰っていく決心をするからである。九月半ばには、カルヴァンは再びジュネーヴ市議会にその姿を見せていた。カステリョの前にもまた、新しい人生が開けつつあった。

注

(1) Roland H. Bainton, *Concerning Heretics* (New York: Octagon Books, 1935, 1979). *The Travail of Religious Liberty* (New York: Harper & Brothers, 1951). Charles E. Delormeau, *Sébastien Castellion: Apôtre de la Tolérance et de la Liberté de Conscience* (Neuchâtel: H. Messeiller, 1963). H・カメン、成瀬

治訳『寛容思想の系譜』（平凡社、一九七〇）。
（2）Delormeau　上掲書　二四頁。
（3）同上　二七〜三二頁。
（4）同上　三三〜三六頁。

ジュネーヴにて

ジュネーヴの宗教改革

カルヴァン自身が、すぐれた教育を身につけた人文主義者であったことは改めて言うまでもない。年齢僅か一四歳で故郷ノワヨンを後にして、パリ大学ラ゠マルシュ学寮に学び始めてから、法学に心を向けた数年間を別とすれば、ほぼ一〇年近い歳月を、カルヴァンはギリシャ、ローマの古典を中心とする人文主義に打ち込んできた。その成果は見事なラテン語文体として身を結んだのである。このカルヴァンが、教育の意味の大きさに目をつぶったはずがない。福音主義の信仰もまた、あるいは、それこそは、教養によって支えられ導かれなければならないというのが、カルヴァンの不動の確信であった。

その証左は、カルヴァンのジュネーヴ着任から半年後の一五三七年一月、カルヴァンら牧師たちが市議会に提出した「教会規定条項」草案にも求められよう。カルヴァンの教会・社会変革のプログラムとでも言うべきこの文章は、聖餐式を厳しく守るための教会訓練（破門）の確立を説き、礼拝改革の一端として会衆による詩編歌唱和の導入を提案し、さらに信仰者の子弟を幼少時代から教育し、正しい教理が父から子へと継承されることが必要だと強く主張する。青少年たちが、自分の

カルヴァン

信仰の「ことわり」（道理）に精通し、これを他人の前でも弁証することができるようになるためであった。

もっとも、この際とくに注目すべきであるが、宗教改革者たちはいずれも、聖書の知識と並んで、ラテン語、ギリシャ語、そして望むらくは、ヘブル語の習熟を骨子とする古典教養の増進を推奨してやまなかった。それだけでなく、福音主義教会の礼拝においては、自国語による神の言葉の説教が中心となったからには、聖書を自国語で読み、理解する訓練が欠くべからざるものとなる。ルターによる聖書のドイツ語訳、ツヴィングリによるスイス・ドイツ語訳のチューリヒ聖書と並んで、カルヴァンのフランス語訳『キリスト教綱要』、あるいは膨大な聖書註解が思い出されよう。リヨン時代すでに、すぐれた古典語の知識を身につけていたカステリョに向かって、カルヴァンはジュネーヴに同行し、そこに同じ主旨に即した高等学院を設立するための助力を乞うことになる。師カルヴァンの理想に共鳴し、情熱を傾けて協力を約するカステリョの姿がそこにあった。

改革の規範

いったい、今から五〇〇年ほども前、一五世紀も終わりに近付き、あれほどに絢爛を誇った中世キリスト教ヨーロッパ世界の行き詰まりが、万人の目に明らかになり始めた頃、さまざまの弊害、腐敗、混乱の只中で、「頭のてっぺんから爪先までの改革」の必要が多くの人々によって唱えられてきた。しかし、問題は単純ではなかった。改革と一口に言っても、その主導権はだれの手にあるのか、教会なのか、国家なのか。教会だとすれば、具体的にはローマ教皇なのか、司教団なのか、それとも良心的な個々人なのか。反対に、政治権力がその責任を負うとすれば、皇帝や国王なのか、諸侯や各都市なのか。この問い掛けにどう答えるかによって、大きな違いが生ずる。

さらに、「改革」と言うからには、その目標、基準、規範をどこに求めるべきなのか。つまり、どのような教会、社会であれば肯定・是認できるのか。これらの問いは、要するにヨーロッパの在るべき姿の模索にほかならない。一五、一六世紀のヨーロッパの主要な発想は、現代人の私たちとは異なって、言ってみれば「後ろ向き」の発想、すなわち、歴史とは根本的には堕落・頽廃の連続であって、歴史を遡って源流に近付けば近付くほど、より純正で理想に近い姿が見いだされるという考え方が一般的であった。もっとも、それだけ言ったのでは少しの解決にもならない。どこまで遡ればよいのかという問いが残るからである。この「元に戻れ」運動は全体として、「源泉志向」と呼ばれることが多い。つきつめれば、ヨーロッパ世界の源泉はどこにあるのかという問いである。

古典古代とキリスト教　実は、中世ヨーロッパの制度的・知的営みのすべてが二つの源泉を持っていた。言うまでもなく、古典古代とキリスト教古代である。古典古代とはギリシャ、ローマの哲学、思想、政治、芸術の総体にほかならない。他方、キリスト教古代とは、キリスト教以前の旧約聖書を含めた聖書の信仰と、それに基づく生活を指す。俗に言う二つのH（ヘレニズムとヘブライズム）のことと考えてよい。

もっとも、キリスト教古代が生まれ育った培養基そのものが、古典古代のヘレニズム世界だったから、キリスト教はその成立以来、常にこの二つのHの関わりをめぐって苦悩してきた。二つを「あれか・これか」の排他的関係として捉えるのか、そうではなくて、むしろ相互補完的に受け止めるのかという問いである。

すでに二世紀において、一方では、テルトゥリアーヌス（二二〇後没）は「エルサレムとアテネと何の関わりがあるか」と叫び、他方では、ユスティノス（一六五頃没）はギリシャ哲学の完成としてのキリスト教信仰を告白した。一〇〇〇年にわたる中世ヨーロッパは、結局のところ、この問いに決着をつけることをせず、その一貫する指導理念の「一致」「総合」「統合」（unitas）によって大きく包み込むことにした。例をいわゆるスコラ学に取るならば、聖書において啓示される救済の真理を、ギリシャ哲学（プラトンにせよアリストテレスにせよ）によって解釈し、体系化する努力を重ねてきたのである。しかし、この指導理念（イデオロギー）そのものが揺るぎ出すと、もはやそ

ジュネーヴ-アカデミー（現在はギムナ-ジウム）

れは不可能となりつつあった。いずれにしても、一六世紀が大きな歴史の曲がり角、あるいは転換点であったことは疑えない。

さて、ジュネーヴ都市共和国が一五三六年五月の市民総会の決議によって、ミサを廃止し、カトリックの司教を追放することで宗教改革に踏み切ると同時に、牧師の一人のアントワン＝ソニエの指導のもと、新しい理念に基づく学校が創設された。さらに、同年一二月、カルヴァンが教師陣に加わるに及んで、この学校の存在価値は著しく増大することとなる。カルヴァンの指導力が増すにつれて、翌年早々の一月には、かつてカルヴァンのラ＝マルシュ学寮時代の恩師であったマチュラン＝コルディエ（一五六四没）が招かれる。コルディエは一五三四年一〇月、身の危険を感じてパリを去り、ボルドーのギエンヌでラテン語を教えていたが、当時のヨーロッパで最大の教育改革者と見られていた。すなわち、前述のように分裂の危機にさらされていた古典的教養と聖書の信仰を、ふたたび健全な形で統合し、「教養に裏打ちされた敬虔」の新たな形成に力を傾けていた。もっとも、コルディエは一年少々後に、当のカルヴァンがジュネーヴを追われるのと期を同じくしてジュネーヴの職を辞し、結局、新設されたばかりの学校も、一五三九年一月には廃校に追い込まれてしまった。

ジュネーヴ着任

さまざまないきさつの後に、ジュネーヴ市議会がカルヴァン再招聘を決議し、カルヴァンもこれを受け入れる過程で、カルヴァンの念頭にあったのが、福音主義に基づく教育機関の再興であったのは当然である。そして、カルヴァンが現にストラスブールで力を合わせているカステリョに、ジュネーヴ帰還後の協力を乞うに至るのも、これまた自然なことであった。カルヴァンのジュネーヴ帰任に先立つこと三ケ月の一五四一年六月二〇日、カステリョはジュネーヴで教師としての任務を開始する。その職名は「学校長」（regent des escoles）であった。その間も、コルディエをジュネーヴに招き返す努力が続けられたが、それが最終的に不可能なことが判明した時点の一五四二年四月三日、カステリョは議会で就任の宣誓を行った。[1] 給与は年に四五〇フローリンと記録されている。余事ながら、カルヴァン自身の年俸は五〇〇フローリン、他に現物支給として小麦粉、葡萄酒、および市政府が購入した牧師館が提供されていた。

こうして、カステリョのジュネーヴ時代は幸福な気分の中で始まった。カステリョが同郷人のユジィヌ＝パクロン（Hugène Paquelon）と生涯の誓いを交わし、新家庭を築くのもこの頃のことと推測される。ユジィヌはその後のカステリョの生活の激変の中で、よく夫に付き従い、苦難を共にする。

聖書のフランス語訳

ところで、基本的にはカルヴァンも保ち、カステリョもまたその実現を目指した古典的教養とキリスト教的敬虔の統合の理想を、実際の学校教育の現場で生かすために、カステリョはみずから聖書をジュネーヴの話し言葉であるフランス語に翻訳し、それを部分的には対話体に変え、さらにラテン語訳を加えることによって、古代文学の反キリスト教的哲学や世界観、はては俗悪な卑猥さを除去し、しかも古典語の習熟に益あるものにしようとする。前述の二つのHの中世的統合を、さらに純化・精練する試みであった。

『聖対話篇』（Les Dialogues sacres latins-francais）という題のもとに出版されて、長く好評を博したこの訳文において、すでにカステリョの面目は躍如たるものがある。たとえば、エジプト王パロの厳命によるイスラエル人の長子皆殺しや、ヨセフの兄弟たちによるヨセフ殺害の奸計《かんけい》といった主題を取り扱いながらも、カステリョとカルヴァンの二人の間の感受性の差異は明らかである。カルヴァンにとって重要なのは、人間の罪と悪を通してさえも働く隠れた神の摂理の不思議さであるのに対し、カステリョが心を痛めるのは、エジプトの暴君あるいは血を分けた兄弟たちの冷酷、無情、思いやりのなさである。この世に生きる人間のうち、ある者は強靭・不屈で、すべてを犠牲にさえできるが、他の者らは繊細で柔和、血や残酷さは理由のいかんを問わずにいとい避ける。そこには、神の隠れた摂理による気性の相違、とでも説明するほかない何物かが存するように思われる。そして、この先天的とでも言うべき差異が、間もなくカステリョとカルヴァンの二人の仲を引き裂くことになる。(2)

ペスト事件

こう言ったからとて、カステリョを生まれつき小心で優柔不断な、かよわきインテリと決め付けることには決してならない。カステリョが彼なりの勇気と決断を備えた人物だったことは、一五四二年の夏の終わりから冬にかけて、ジュネーヴを襲ったペスト事件への対応からも知られるところである。実は一六世紀ヨーロッパの各都市は、頻発するペストに悩まされ脅かされ続けた。疫学的知識の皆無に近かったこの時代にあって、流行するペストは、人間の無力をいやというほどに知らしめる不条理の権化であった。人々は、ペストの噂を耳にしただけで町を逃げ出すか、それともずっと息を潜めて、その終熄《しゅうそく》をひたすらに待つ以外には何の策も持たなかったのである。

もっとも、この時代でも罹病者を隔離するだけの知識は持ち合せていた。そして、もちろんのこと、どの時代でも、病人のために特別な任務を帯びた魂の看取り手としての牧師が必要であった。九月二五日、ジュネーヴ市議会は牧師団に向かって病院付きチャプレンの派遣を正式に要請、牧師の一人のピエール＝ブランシェがこれに応えた。幸いに疫病は冬の到来と共に下火となる。しかし、一五四三年の春と共にペストは再度猛威を振るい始めた。この度は、按手礼《あんしゅれい》を受けた正規の牧師はだれも病院付きを志願しなかった。無理からぬところである。その時、勇を鼓して出願したのはカステリョであった。もっとも、カステリョはまだ正規の牧師として承認されていなかったし、それに、カステリョはジュネーヴの学校教育にとって欠くべからざる人物だったので、市議会はカステリョの勇気に謝意は表したものの、その志願は受理されなかった。結局は、前回も出願したブランシェ牧師が再度志願した。しかし、いくばくもなくしてペストに感染し、六月二日には職に殉じた。(3)

このエピソードがどのような意味を、どれほど持つかは、判断の分かれるところかも知れないが、少なくともカステリョもまた、寄託された職務については十分な責任感の持ち主であったことは確かである。そうでなければ、この後の生涯の荒波にも毅然として耐え抜くことは端的に不可能だったはずである。あれにも組みせず、これにも片寄らぬ第三の途を選び、歩み切るためにも、それだけの決断と勇気を必要とすることは改めて言うまでもない。

聖書のフランス語訳
――対立の発端

ちょうどこの頃、カステリョはかねてから進めていた新約聖書のフランス語訳を、ジャン＝ジラールの印刷所から出版する準備に取り掛かっていた。

しかし、事柄が重大なだけに、それにはどうしてもカルヴァンの同意と、ある意味での「検閲」は避けられないところであった。実は、カルヴァンはこの翻訳の少なからぬ個所に疑惑を感じていた。一五四二年九月一一日付けで、カルヴァンがロザンヌの教会改革者ピエール＝ヴィレ（一五七一没）に書き送った手紙にはこうある。

あなたは我らがセバスティエンの奇抜さにお気付きになることでしょう。あるものは笑わせ、あるものは怒らせるに足るものです。彼は三日間、私のところへやって来ました。そして、自分の新約聖書を出版させてくれるかどうか、私に尋ねました。私は、多くの個所を訂正する必要があると答えました。なぜかと尋ねるので、以前に彼が見本として私に渡してよこしたいくつかの章を示しました。彼は今後はもっと注意すると言い返しました。そして、私の決断を繰り返し求めました。私は刊行を妨害するつもりはないが、前にジャン＝ジラールに伝えた言葉、すなわち、閲読の上で、訂正が必要な個所は訂正するということには固執するつもりだ、と答えました。彼はこの条件を拒否しました。

カステリョにとって、現代風に言い表すならば「言論・出版・結社・集会」の自由は、福音主義がカトリックから獲得した精神的財貨の一部であって、彼自身もその益にあずかる権利を持つはずであった。それに対してカルヴァンは、ようやく着手し、形成・樹立の途に着きつつあった福音主義に拠って立つ都市共同体の一致と統合が、少しでも危険にさらされることは是非とも回避しなければならないと決心していた。ここにもまた、自由と規律をめぐるあの永遠の葛藤が姿をのぞかせていると言えよう。

ジュネーヴのサン－ピエール教会

牧師職出願

フランス語訳聖書出版問題が解決を見ないうちに、さらに別の困難がカステリョとカルヴァンの間で生起する。カステリョが牧師任職を出願したからである。前述のペストは一五四三年の暮れには終熄《しゅうそく》したが、この年の収穫は悪天候と人手不足のために最低で、ジュネーヴは飢饉の恐れにさらされていた。物価上昇も著しかったことだろう。カステリョの家庭経済も悪化の一途をたどり、彼は市議会に校長給与の引き上げを求めざるを得なくなる。そうでなければ、もう少しましな給与を得られる他の町に職を求めなければならなくなるかも知れない、とまで付け加える。話を耳にしたカルヴァンは即刻ヴィレに手紙を書いて、だれか別の人物を学校長として推挙してくれるよう依頼する。しかし、市議会は学者・教育者としてのカステリョの名声を惜しみ、その辞任を認めなかった。その代わり、市議会はカステリョが学校長の職に加えて牧師を兼務することで、実質的な給与引き上げになる方策を提示した。もっとも、そのためにはカステリョは牧師としての資格を獲得し、正式に任職されなければならなかった。

ジュネーヴ教会における牧師選任の手続きは、一五四一年九月にカルヴァンがジュネーヴに帰任した直後、市議会に提出し承認を得た「教会規定」には明記されていないが、カルヴァン自身の言葉によって、以下のようであったと推測される。カルヴァンによれば、「〔新しい〕牧師は私たちの同僚によって選ばれる。候補者は一つの聖句を与えられ、その解釈によって熟達ぶりを証明する。それから教理の主要点について試問が行われる。最後に、私たちと会衆の前で説教をしなければならない。この際、市議会議員が二名臨席する。修業が十分であることがわかると、私たちは証明書を添えて、市議会に推挙する」。当然のことながら、カステリョだけが例外ではあり得なかったのである。

「雅歌」の霊感問題

果たせるかな、カルヴァンのもとにある牧師会はカステリョの任用に反対を唱えた。異論の根拠はカステリョの聖書解釈であった。論点は二つあった。第一に問題になったのは旧約聖書三九巻の一つの「雅歌」をどう受け止めるかであった。旧約は律法と預言と文学とに三分するのが常であるが、その中の文学（諸書）に属するこの文献は、その冒頭の書き出しの数節だけでもわかるように、きわめて肉感的な叙情とロマンに溢れている。

どうか、あの方が、その口のくちづけをもって
わたしにくちづけしてくださるように。
ぶどう酒にもましてあなたの愛は快く
あなたの香油、流れる香油のように
あなたの名はかぐわしい。
おとめたちはあなたを慕っています。（一・一、二）

恋人よ、あなたは美しい。
あなたは美しく、その目は鳩のよう
ベールの奥にひそんでいう。
髪はギレアドの山を駆け下る山羊の群れ。
歯は雌羊の群れ。毛を刈られ
洗い場から上がって来る雌羊の群れ。
対になってそろい、連れあいを失ったものはない。

乳房は、二匹の小鹿。
ゆりに囲まれ草をはむ双子のかもしか（四・一、二、五）。

古代の教父たち以来、正統教会の立場は、雅歌を目して、キリストと教会との間に存する深い愛情の比喩的表現であるとするものであった。すなわち、花婿であるキリストと、その花嫁である教会の間には、愛情と信頼とが存在し、神の霊感を受けた著者ソロモンがそれを書き記したという見方が一般的であった。ところが、カステリョは、すでに一五世紀末から起こった文献学的手法に頼りながら、雅歌は古代イスラエルの世俗的な恋愛歌を集めたものと理解する。日本文学で言えば、万葉集の相聞歌に相当するというわけである。しかしこれでは、聖書はすべて神の霊感を受けて書かれたという聖書自体の言葉（テモテへの手紙二の三・一六）が否定されることにならないだろうか。聖書の霊感性が揺るぎ出すと、聖書の規範性そのものまでも危うくなりかねない。カルヴァンがどうしても許容できないものを感知したのも無理はない。

「陰府下り」解釈問題　もう一つの論争点は、キリストの「陰府下り」と呼ばれる教理の一部である。聖書本文そのものには、僅かにペトロの手紙一に「霊において、キリストは捕らわれていた霊たちのところへ行って宣教されました」（三・一九）という文章が散見されるだけであるが、遅くとも中世初期には成立し、以後は最も広汎で普遍的なキリスト教信仰の言い表しとなった「使徒信条」では、キリストへの信仰の内容として、十字架にかかり、死んで葬られたキリストが、「陰府」すなわち「地獄」にまで降下し、そこから甦って天に上ったと告白される。

一般に、肉体の死の後に、人間の魂はどこへ行くのかという素朴な疑問は、文字どおり洋の東西を問わず、どの宗教にとっても大きな課題である。そう考えると、奇異の念さえ抱かせられるのは、聖書が旧約・新約共に、この普遍的疑問にほとんど全く具体的な答えを持たないことであるが、それは神への絶対的な信頼の念の所産であるとでも言えばよいのだろうか。それにもかかわらず、キリスト教がヨーロッパ世界の宗教として定着するようになると、民衆の素朴で、しかも切実なこの疑問に、何らかの形で答える必要に迫られたとしても、これまた不思議ではあるまい。

中世キリスト教は、きわめて具体的に目に見えるような形で「地獄」を描き出し、やがてはそれだけで足りずに、天国と地獄の中間としての「煉獄《れんごく》」までも描いて見せるようになる。かのダンテの『神曲』は、このような中世的世界像の壮大な絵巻物にほかならない。もっとも、宗教改革者たちは全体として、「煉獄」については、聖書に根拠を持たない中世教会の捏造《ねつぞう》としてこれを退けた。それでもなお、問いそのものは残るだろう。元来、天国とか地獄とかいう考えは、深く古代・中世の宇宙観、世界像と結び付いていたので、たとえば、天動説から地動説へという天文学の画期的な転換を目の前にして、現代神学の用語を借りて言い表せば、「非神話化」を迫られたのも事実である。ルターもある個所で「天国」とは希望を持っていること、反対に「地獄」とは絶望していることと、「煉獄」はそのどちらでもないことだと説明を試みている。カステリョがこのようなルターの表現を目にしていたかどうかわからないが、彼自身としては、使徒信条のこの語句は、あくまでも象徴的・比喩的に解すべきであると考えていたことは確かである。

カルヴァンの理解

もっとも、カルヴァンの名誉のために一言加えるならば、カルヴァン自身も、この表現を必ずしも字句どおりに受け取っているわけではない。ちょうどこの時期に、子弟の信仰教育のために刊行された『ジュネーヴ信仰問答』は、その第六五問でこう説明する。

すぐあとに「陰府に下りたもうた」と付け加えられるのはどういう意味ですか。
彼は魂と肉体の分離である一般的な死を忍びたもうただけでなく、ペテロが言うように「死の苦悩を負われ」ました。この言葉はかれの魂と結びつけられた恐るべき苦悶のことだと私は理解します（渡辺信夫訳）。

同様に、カルヴァンの主著『キリスト教綱要』から引用するならば、「キリストが単に肉体的な死を死なれただけであったならば、それは何にもならなかった。……単にキリストの肉体が贖《あがな》いの価として渡されたことを知るのみでなく、もう一つのもっと大きい、もっとすぐれた価――すなわち、罪に定められ・失われた人間の恐るべき責苦を彼がその魂において忍びたもうたことを知る」(II・一六・一〇)ことが重要であるとされる。

このようなカルヴァンの解釈が、「陰府下り」をキリストが神の法廷で忍ばなければならなかった「良心の震え、そよぎ」と解するカステリョと、本質的に、和解不可能なほどに異なるのかどうか、今日の私たちには判断がむずかしい。いずれにせよ、両者共に自分の良心に真摯《しんし》だったことだけは疑えない。しょせん、二人の間の気質の相違とでも説明するほかないのだろうか。

加えて、この時期、すなわち一五四三年後半から翌年前半にかけて、ジュネーヴにおけるカルヴァンの地位はきわめて不安定だった。せっかく乞われて帰任したはずなのに、ジュネーヴ市議会も市民全体も、決してカルヴァンに好意的でなかった。彼はいつまた解任され、追放の憂目にあうかわからない状況であった。それだけに、牧師団の一致が絶対に必要であった。カステリョの主張する聖書解釈の自由が、どれほど大きな危惧の念を引き起こしたかは言うまでもなかろう。

ジュネーヴ辞任の申し出　牧師団に受け入れられないことを知ったカステリョは、一月二一日、市議会に出頭して校長辞任を申し出る。さらにカステリョは、カルヴァンが彼に対して加えた論難に弁証する機会が与えられるようにと要請したが、市議会には牧師たちの神学論争に立ち入るつもりがなかった。この時期の市議会議事録には、ムッシュー・カルヴァンとムッシュー・バスチ《〔ママ〕》ャン・シャティヨンとの間の論争が残されている。「以下のように決議、二人の間でこれらの事柄を公にすることなしに、個人的に論争させること」[4]（二月二八日）。

　カステリョは牧師団に対して、自分が牧師として受け入れられなかった理由を説明する文章を求め、この願いは聞き入れられた。そこには大要以下のようにあった。

> 　これまで私たちの学寮（college）の校長だったセバスチャン＝カステリョは、休暇を願い出、市議会の許しを得た。……今や他の町に赴こうとするに当たって、彼は私たちに、過去の生活の品行証明書の発行を願い求めた。私たちはこれを拒むべきでないと信じる。
>
> 　私たちは以下のように略述する。私たちは一致して、彼を牧師の任務に就ける予定であった。そこで、慣習に従って、彼が教理のすべての点について、私たちと一致するかどうかを尋ねた。彼は私たちの考えとどうしても合致できない二つの論点がある、と答えた。……主な論点は雅歌についてであった。彼はそれが猥雑な恋愛詩で、ソロモンはその中で自分の不倫な恋について歌っていると言った。私たちは彼に対して、公同教会がこれまでずっと同意してきた事柄を、無謀にも軽侮すべきではないと告げた。聖書のどの巻でも、これまでその真正性をめぐって論

ぜられなかったものはないが、この書を公然と退けた者は、これまでだれもいなかった。私たちは彼に自分自身の判断を過信しないようにと言った。とくに、彼が生まれる前から、だれにも明白だったことに異論を唱える場合にはそうである。私たちは彼に向かって、この書物と詩編五五篇との類似性を指摘した。……これらの論議がすべて無益だった時に、どうしたら良いのかを私たちの間で相談したが、一致した結論は、このような条件のもとで彼を牧師に受け入れることは危険であって、悪い例を残すことになるというのであった。

第一に、これまで全教会が聖なる書物、正典と見なしてきたこの書〔雅歌〕を、公然と否認し、断罪するような人間を牧師として受け入れるならば、すべての信仰者は少なからず気持ちが傷付けられるであろう。さらには、それでは福音を誹謗し、私たちの教会を引き裂こうとする敵対者に扉を開き、中傷者に機会を提供することになるだろう。最後に、これから後にも、伝道の書〔コヘレトの言葉〕や箴言《しんげん》その他の書を退けようと企てる者らに対して、それが果たして聖霊にふさわしいかどうかを論議しないで済ませるならば、私たちが責任を負わねばならないことになるだろう。

しかし、なにびともセバスチャンの辞任の理由が、それ以外の動機によると誤解したりしないように、彼が校長の職を辞任したのは、自分の意志によったものであることを、彼の行く先どこででも私たちは証言するつもりでいる。彼のこれまでの生き方には非の打ち所がなく、彼は牧師職にふさわしいと私たちは判断した。彼が拒否されたのは、生活の上での欠陥からでも、信仰の主要点において不敬な教理を信じていたからでもなくて、単純に上述の理由からであった。

ジュネーヴ教会の牧師一同。

一同に代わり、その命令によって署名する、ジャン＝カルヴァン(5)。

数日後の二月一一日付けで、カルヴァンはロザンヌの親しい同僚牧師ヴィレに手紙を書く。

セバスチャンは私たちの手紙を携えてロザンヌに向かいます。彼がもう少し自分の利害に配慮できたならばと思います。そうであれば、私たちは教会にとって損失とならない別の途を見つけることもできたでしょうし、その方がどんなに良かったかとも思います。……彼が牧師職に受け入れられなかった理由については、明言しないか、あるいは、何らかの障害があった、といった漠然とした言いかたの方が良かったのかも知れません。そうすれば、無用の臆測を防止することができたかも知れません。……そういうわけで、事柄は彼自身の要望によって、市議会で取り扱われました。論議がなかったわけではありません。

私としてもたいへん同情に耐えません。ことに御地でも、彼が希望しているようにはならないかも知れないと思うと、いっそうのこと残念です。御地の皆さんが、できる範囲で、彼を助けてやって下されればと願います。(6)

これは単にカルヴァンの美辞麗句だけとは思われない。自分がストラスブールで見いだし、ジュネーヴ着任を懇請したカステリョの身の上の思いもかけない急転回に、カルヴァンが少なからぬ戸惑いと憐憫《れんびん》の情を禁じ得なかったのは事実であろう。しかし、二人の間にあったのは、原理・原則・生き方そのものを賭けた対立であった。そこには個人的な同情や譲歩の入り込む余地はあり得なかったのである。

新たな論争

もっとも、市議会は適当な後継者をすぐには見つけることができなかったので、カステリョはなおしばらくの間、居心地の悪い思いをしながらもジュネーヴに留まらなければならなかった。数ケ月後、再度ある出来事が起こった。一五四一年九月に制定された「ジュネーヴ教会規定」によって、ジュネーヴの牧師たちは聖書研究と説教の相互研鑽のため、毎週木曜日に集まることが義務付けられていた。カステリョは前述のような理由から任職こそ受けられなかったが、すでにヴァンドヴル教会堂で説教の任に当たっていたので、この牧師会にも参加していた。一五四四年五月三〇日の会合で、カルヴァンは新約聖書コリントの信徒への第二の手紙六章を説教のテキストとして取り上げた。使徒パウロはこの個所において、自分が伝道の現場で遭遇した数々の苦難に言及した末に、信仰者と不信仰者、義と不義、光と闇を峻別《しゅんべつ》すべきことをコリントの教会員たちに向かって厳しく命ずる。

カステリョは約六〇名の出席者を前に、使徒パウロの生き方とジュネーヴ教会の牧師たちの生き方とを比較し、使徒時代のキリスト教からの逸脱を激しい言葉で指摘、批判を加える。カルヴァンが翌日付けで、かつてジュネーヴで労苦を共にし、現在はヌシャテルに在住する先輩のファレルに書き送った手紙によればこうであった。

　パウロは神の僕であったが、私たちは自分自身の奴隷となっている。パウロは忍耐強かったが、私たちは短気である。パウロは教会の徳を高めるために眠られない夜を送ったのに、私たちは遊興に夜を過ごしている。パウロは醒めていたのに、私たちは酔っている。パウロは分裂に脅かされていたのに、私たちは不倫を犯している。パウロは投獄されたのに、私たちは言葉で私たちを傷付ける者を閉じ込めている。パウロは神の権能を行使したのに、私たちは別の権能に頼っている。パウロは他の人々のために苦しんだのに、私たちは罪なき者らを迫害している、云々(7)。

前にも触れたように、一五世紀後半からのヨーロッパの心ある人々にとって、改革の必要は自明の理であった。問題は、どこを、どのように改革すればよいのかという点にあった。ルターは自信と誇りを込めて、「これまでの改革者は生活を問題にしたが、私は教えを問題にする」と言明した。すなわち、「宗教」改革は、何よりも教理・教義の変革であって、単なる道徳の改善努力ではないという意味である。もちろんのこと、教理の転換は、当然のこととして、倫理の改変をも伴うはずである。しかし、生活は果実であって、木そのものではない。良い木が良い果実を成らせるのであって、その逆ではあり得ないというのが、宗教改革者たちに共通の確信であった。それだけに、期待されるほどの生活の改変が起こらない時、苦悩と疑念も深まる道理であった。

教理か倫理か

もっとも、キリスト教の敬虔の歴史の伝統には、そもそもの始めから、教理の上での正統性よりも倫理面を重視するか、少なくとも、両者を対等に見る流れが、脈々として続いてきていた。とくに、中世後期の神秘主義、そしてそれに根ざす「新しい敬虔」(devotio moderna)と呼ばれる信仰の実践においては、信条の上での正統性よりは倫理的純正さをもっと重視するのが常であった。英語の語呂合わせで表現すれば、creed(信条)よりも deed(行為)の重視となるだろうか。もちろんのこと、決して信条そのものを否定・棄却するわけではないとしても、最低限の信仰個条について合致できさえすれば、残りは生活の面での清純さによって判断すべきだという考えである。本書の後半で詳しく紹介するように、カステリョが拠って立つのも、まさしくこのような思想の流れであった。

ところが、福音主義宗教改革が目指したのは、第一義的に「聖書のみ」と「信仰のみ」という教理の確立であった。もっとも、カルヴァン自身が、福音主義信仰から生まれる新しい倫理（それはやがて近代世界の形成にまで連なっていくのであるが）の必要性をどれほど強調したかは、改めて言うまでもないところである。そこから、破門の訓練、すなわち、聖餐式の純潔を守るための「陪餐停止処分」の活用、そしてそれを判断するための長老会の制定と運用への情熱も生まれてきた。この点については、どれほど強調してもしすぎることはない。それにもかかわらず、教会と社会を全体として包含する新しく生まれたばかりの福音主義共同体は、根本的に、一つの理念あるいは理想によって成り立つ集団であって、その堤防の一角に蟻の穴ほどの隙間でも生じるならば、全面的に崩壊する危険があると思われた。その結果は、「行為」よりは「信条」を重視する共同体の成立であった。

ジュネーヴ辞任

カルヴァンは即刻、市議会に赴いてカステリョの言動を弾劾する。再度のことながら、教理面での論争に当惑を隠し切れない市議会は、第三者として、前にも触れたロザンヌのヴィレに仲介を求めることにする。六月一一、一二の両日、牧師たち、仲介のヴィレ、そしてカステリョと、当事者たちの揃ったところで、市議会は双方の主張に耳を傾ける姿勢を示すが、しょせん名案のあるわけもなく、ヴァンドヴル教会の説教者としては別人を招聘《しょうへい》することを決めるに留まった。(8) 他方、カステリョの学校長辞任は最終的な結末を迎える。

一五四四年の暮れ、カステリョは前任者のコルディエが在職するヌシャテルを訪れて善処を求めるが、実際問題として、コルディエにできることは何も残っていなかった。そこからさらにバーゼルに向かったカステリョに援助の手を差し伸べたのは、著名な印刷業者で、人文主義学者としても知られるヨハン＝オポーリヌスであった。オポーリヌスはかつて、カルヴァンの『キリスト教綱要』初版の出版者であったが、この度は、困窮の極みにあるカステリョにも暖かい庇護を惜しまなかった。オポーリヌスはカステリョに校正者としての地位を約束したのである。ついでながら、当時にあっては、適格な校正者を得ることができるかどうかが、印刷業者にとっても重大な関心事であって、当のバーゼルの宗教改革者ヨハンネス＝エコランパーディウス（一五三一没）が二〇年前に、修道院を脱走同様にして逃れてこの地にたどり着いた時、保護と職を与えたのも、同じ印刷業者のアンドレアス＝クラタンダー（一五四〇没）であった。

ようやく前途に明るさを見いだしたカステリョは、一度ジュネーヴに戻り、そこに残したままだった妻子を伴って最終的にジュネーヴを後にする。一五四五年の初めのことであった。

注

（1）公文書としては『ジュネーヴ市議会記録』（*Calvini Opera* XXI, 一八三）Delormeau 上掲書　四〇頁。
（2）Bainton, *The Travail of Religious Liberty* 一〇三～一〇四頁。
（3）Delormeau 同上　四二～四三頁。
（4）*Calvini Opera* 同上　三二八～三二九頁。
（5）*Calvini Opera* XI　六七四～六七六頁。
（6）同上　六七三～六七四頁。
（7）*Calvini Opera* XI　七一九～七二一頁。
（8）*Calvini Opera* XXI　三三七～三三九頁。

バーゼル時代

バーゼルの宗教改革

バーゼルはライン河の豊かな水量を利用する内陸交易の中心として、すでにローマ帝国の時代から重要な軍事・経済・文化の中心地であった。八世紀にはカトリック司教座がこの町に置かれ、この自由帝国都市の実際の主権者は歴代の司教であった。現在までも、かつての日の姿をそのままに残すゴシック様式の司教座大聖堂教会を始め、九世紀にまで遡るロマネスク様式の聖マルティン教会など、多くの教会と修道院が今なお昔日の繁栄を暗示しているかのようである。加えて、バーゼルは神秘主義の牙城としても知られ、タウラー（一三六一没）やエックハルト（一三二八没）の名もこの町と結び付いている。経済繁栄は、財的にも知的にも豊かな市民階層を生み出し、市民たちは同業組合を結成して貴族階級と対立、市の行政上の実権も掌握しようと意図していた。

バーゼル市街とライン河

一六世紀初頭、一万数千の人口を有するバーゼルは、スイス盟約共同体で最も有力な都市国家の一つであり、さらには最大の文化・学芸の中心地であった。製紙・印刷・出版とそれに関連する事業が栄え、それに魅せられた文人・学者が文字どおり蝟集《いしゅう》した。もちろんのこと、その創立が一四六〇年にまで遡るスイス唯一の大学の存在も見落とせない。要するに、バーゼルは人文主義の巨頭エラスムスをさえ、僅かの転居期間を別とすれば、一五一六年からその死の年一五三六年まで引き留めるだけの魅力に満ちていたのである。オポーリヌス、ヨハン＝フローベン（一五二七没）やアンドレアス＝クラタンダー、あるいはアダム＝ペトリなど隆盛を誇ったこの町の印刷所からは、エラスムスのギリシャ語新約聖書、ルターのドイツ語訳聖書その他の改革文書が、次々と吐き出されていた。

市民階層がいっそう大きな政治・経済上の実権を獲得しようとする努力にとって、最大の障害は、ただに宗教的・霊的教導者であるだけでなく、巨大な経済勢力でもあったカトリック教会そのものだった。広大な教会領と莫大な教会税収入を擁する教会は、ヨーロッパ最大の経済組織だったのである。市民たちの政治的自由、経済的向上を目指す運動は、もともとこの町にただよう精神的自由の雰囲気と結び付く。そこに起こったのが福音主義宗教改革であった。一五二三年春、前年秋にこの町に亡命して来たエコランパーディウスは、預言者イザヤの書に基づく講解説教を開始する。やがて彼の周辺に福音主義を奉ずる一群の支持者が現れるに及んで、バーゼルにも、チューリヒその

現在のバーゼル大学（人文系学部）

他の都市共和国と同様に、信仰分裂が生起する。事態の遷延のみをこととする市議会の姿勢に業を煮やした市民階層は、一五二九年二月、聖像破壊の大暴動を引き起こし、一気にバーゼルの福音主義化を貫徹する。数年後の一五三一年秋、エコランパーディウスは急逝するが、バーゼルはチューリヒやベルンと並んで福音主義陣営の強力な砦であり続けた。

バーゼル時代の始まり

もっとも、福音主義に転じてからさえ、エラスムスが代表するような人文主義の影響もあって、バーゼルを支配していたのは自由と寛容の精神であった。その意味では、ライン河を少し下ったストラスブールとも著しい類似性を持つと言ってよい。事実、この二つの帝国自由都市はいろいろな意味で、政治的にも、宗教的にも、文化的にも、経済的にも密接に連帯していた。町の一般の用語はドイツ語であったが、カステリョ自身も

ライン河の急流とバーゼル大聖堂教会

ドイツ語に通じていたし、それに当時の知識階級は共通語たるラテン語で互いを理解できたので、言語はさしたる妨げとはならなかったはずである。こうして、その死の時にまで至るカステリョのバーゼル時代が始まる。

とは言え、生活は決して楽ではなかった。それどころか、妻子を抱えて、身寄りもない土地での生活は困窮をきわめた。オポーリヌスの約束した印刷校正の仕事も、実質よりは名声の問題で、それで生活を立てるには遠く及ばなかった。その日、その日が、カステリョにとっては生きるための戦いであった。弟子の一人ポール＝シュルレルの文章は旧師の生活をこう書き残している。「冬の霧の夜、僅かに身を暖め、乏しい食事を調えるために、彼がラインの河岸で流木を引き上げるのを人々は目にした。彼は最愛の妻子を養うためなら、流れに網を打ち、自らの手で土を耕すことをも恥としなかった。こうして彼は自分の運命の過酷さをいくらかでも和らげようとしたのである(1)」。

その生活のさまを聞き知ったカルヴァンが、非難がましい言葉を口にしたと聞き及んだカステリョは、猛然と反論を加えた。

あなたがたは私を窃盗のかどで非難する。疑いもなく、あなたがたは私が陥っている貧困のさまを知らないのだ。それも私のせいではなく、あなたがたの中傷によって引き起こされたのに。この何年か、私は聖書の〔フランス語〕翻訳に打ち込んできた。それはただある人々の憎悪と嫉妬をもたらしただけであった。私はこの人々から、むしろ別の感情を期待する権利があったはずなのに。私はそれに全力を注いできたので、中断されるよりはむしろ食を乞う方がましなくらいである。私の住居はライン河に面していたので、時折河を流れる木材を引っ掛け上げて、冷え切った我が家を暖めるに用いただけなのだ。それを、あなたがたは窃盗のかどで非難する。それも、好意も率直さのかけらもない勝手な解釈から。しかし、このような流木は皆の物であって、最初に拾った者の所有に帰するのだ。(2)

少し後のことであるが、哲学者のモンテーニュは、自分の時代の恥として、二人の碩学が日毎の糧にさえこと欠いて、惨めな生活のまま放置されている事実を指摘したといわれる。この二人とは、イタリアはフェッラーラの詩人で考古学者のリリオ＝グレゴリオ＝ジラルディ（一五五二没）と、ほ

かならぬ、カステリョであった。(3)

生活苦にもかかわらず、カステリョは生きるための最低限の労働を別とすれば、残りの時間のすべてを勉学に打ち込んだ。その方途の一つが、バーゼル到着から半年後、新学年を期して、バーゼル大学に正式に入学手続を取ったことである。今も残る新入学生の署名簿には一五四五年一〇月一三日、人文学部と記録されている。カステリョは年齢すでに三〇歳に達していた。もっとも、カステリョが人文学部の最高学位であるマギステル（今日では修士号と訳されるが、当時は全く博士号と同等であった）を取得するのは、八年後の一五五三年八月一日のことであった。後に詳しく述べるように、その僅か一、二ケ月後にはセルヴェトゥス事件が勃発する。ついでに述べてしまえば、学位取得と同時にカステリョはバーゼル大学でギリシャ語を教授する地位を与えられる。年俸六〇フローリンであったが、バーゼルの貨幣単位はジュネーヴと違っていたので、生活には不安のない金額だったとされる。同大学の法学教授で、人文主義学者としても名声の高かったボニファーティウス＝アーメルバハ（一五六二没）の援助と斡旋が大きく役立った。しかし、すぐ前でも述べたように、それはさらに八年も後の話である。

聖書翻訳への傾倒

この間のカステリョの最大の生き甲斐は、旧・新約聖書の翻訳であった。カステリョは一方では、それまで教会の公用聖書だったラテン語訳、すなわちヴルガータ聖書が、本文決定の上でも、訳語の上でも、ラテン文体の上でも、望まれるところがあまりにも多かったことから、これを正確で気品のあるラテン語に訳出することに集中する。その成果は一五四六年、旧約聖書の最初の五巻、いわゆるモーセ五書の刊行であった。翌年には「詩編」が続く。聖書全体の新しいラテン語訳が完成したのは一五五一年二月のことで、イングランド王エドワード六世への献呈の辞を付して、オポーリヌス印刷所から刊行され、広く好評を博する。そのためには、ヘブル、ギリシャの二つの原典と、ラテン語の三つの言語における熟達が必要だったことは、改めて言うまでもない。ラテン語改訳聖書はカステリョの生前すでに二度（一五五四、五六年）、新約の部分訳は二度（一五五三、五六年）版を重ねたし、訳者の没後も二世紀の間に、バーゼル、フランクフルト、ライプツィヒ、ロンドン等で印刷され、総計一〇版にも及んだ。もっとも、ラテン語が大学や教会においてさえも日常的でなくなると、カステリョの貢献も忘却のかなたに押しやられるようになってしまう。むしろ、この刊行物が記憶されるのは、それに付された「献呈の辞」の故である。イングランド王エドワード六世は、同国をローマ教会から引き離し、「宗教改革」を成就したヘンリ八世のただ一人の男子王位継承者として、一五四六年、年齢僅か九歳で即位したが、周囲の影響もあって、父王の線を大きく踏み越えて福音主義を導入したところであった。

英国国教会の基礎はエドワード王のもとに初めて据えられたと言ってよいだろう。したがって、イングランド国内だけでなく、カルヴァン自身をさえ含めて大陸の福音主義陣営の指導者たちは、エドワードに熱い視線を向けたのである。しかし、一五五三年に一六歳で逝去し、その後メアリ女王によるカトリック復帰、エリザベス女王による最終的な英国国教会の確立と続く。いずれにせよ、カステリョの労作はラテン語訳そのものの価値は別として、それに付された献呈の辞だけでも十分に記憶に値する。後にこの序文は『異端論』の中に、しかもカステリョの実名でもって編み込まれ、信教の自由の本格的展開として長く覚えられることになった。(4)

「献呈の辞」

ここでもカルヴァンとの対比が印象的である。前にも触れた、カルヴァンの主著『キリスト教綱要』初版もまた同様に、世俗の統治者への献呈の言葉を付して出版された。もちろん、カルヴァンの場合には、その祖国フランスにおいて不当な誹謗をこうむっている福音主義者を弁証するためなので、献呈の相手はフランス王フランソワ一世となっている。興味ある対比というのは、両者の論調の差異である。カルヴァンは福音主義者がその信仰を保持する自由と権利の論拠として、自分たちが拠って立つ立場そのものが、規範である聖書の光に照らして正しく、誤りがないことを強調する。自説は正しい、したがってそれは権利でもある。反対に、誤った信仰内容は存立の権利を持たないことになる。

カステリョは別の、極言すれば、むしろ正反対の論法に訴える。すなわち、聖書そのものでさえも、謎に満ち、その難解さの故に、過去一〇〇〇年以上にわたって論争の的となってきたような個所も少なくない。したがって、外面的な力で一方を取り、他方を退けるようなことがあるならば、地上は罪なき者の血で溢れることになるだろう、と。

強盗どもを当然のこととして十字架にかける時、誤ってキリストを不当にも十字架にかけることのないように注意すべきです。トルコ人はキリストを愛することからほど遠く、ユダヤ人はひどくキリストを憎んでいるのに、それでも私たちの間に居住することが許されております。また、私たちは中傷する者、傲慢な者、妬み深い者、貪欲な者、慎みのない者、大酒飲み、その他、同様の疾病のような者たちを許容し、彼らと共に生活し、飲食し、楽しみを共にしているとすれば、私たちと同様に同じキリストを告白し、だれにも危害を加えず、自分が口にし、行うべきだと考えること以外のことを口にし、行うくらいなら、むしろ死を選びたいと願っているような者たちに、少なくとも同じ空気を吸うことを容認すべきです。自分が信じていないことを口にするくらいなら、むしろ死にたいと感ずるような人間は、あらゆる人間の中で最も賄賂や腐敗に縁が遠いのですから、一番恐ろしがることがないのです。……さまざまな論議のあることについては、〔最後の〕審判にお任せする方がよいのです。神は私たちが邪悪な者であることを知っておられるのに、なおも裁きを引き延ばし、私たちが悔い改めるのを待っておられるのです。(5)

ここにはセルヴェトゥス事件の何年も前に、すでに『異端論』の中心主題が見誤るべくもなく示されていることに気付かされる。しかし、この点については後に詳述することにしよう。

フランス語訳聖書出版　聖書との取り組みのもう一つの実りは、フランス語訳聖書の出版である。ジュネーヴ在任中の一五四四年、『聖対話篇』と題するフランス語訳の聖書抜粋が出版されたことについてはすでに言及した。カステリョは聖書全篇を故国フランスの一般庶民に近付きやすいものにしようとして、営々と訳出の労を続け、一五五三年春まではほぼ完了、しかし、その印刷に約二年の期日が必要だったので、最終的に『新改訳聖書――イシドラからマカベアまで、さらにマカベアからキリストまでの歴史に従って。難解な個所には注を付す。セバスチャン＝カステリョ訳』という題で公刊されたのは、一五五五年三月のことであった(6)。訳者カステリョはその翻訳の方針と主旨を序文においてこう述べる。「主として念頭に置いたのは一般の無学な人々だったので、私に可能なかぎり、日常的で平易な言葉を用いることにした。そこで、一般の人々には理解しにくいギリシャ語やラテン語を用いる代わりに、発見できるかぎりで何度かフランス語を用いた。発見できない場合には、やむなくフランス語から造語した。一度、それが何を指すかわかれば、あとは理解できるように配慮したつもりである(7)」。

すなわち、日本語の場合で言えば、漢字表現を極力避けて、いわゆる大和言葉を多用したことにでもなろうか。例えば、有名なキリストの言葉「私について来たい者は、自分を捨て、自分の十字架を背負って、わたしに従いなさい」(マタイ一六・二四)の「十字架」は、あまりにも既成の観念と連想とに満ちているので、「リンチ用の首吊り縄」と訳すという具合である。(8)

同じ序文においてカステリョは、ジュネーヴ放逐の直接の因となった聖書の霊感の問題に触れる。「人間が身体と魂とから成り、身体は魂の宿り場であるように、聖書は文字と霊とから成る。文字は霊の箱、さや、あるいは殼である」。このような自由な聖書論が、聖書の語句のひとつひとつを聖霊の口述によるとする逐語霊感説の固牢な不自由さから、ほど遠いことは言うまでもない。カルヴァンの聖書論が後者であったと言うことは決して公正でないが、それにしても、カステリョが一六世紀という時代を大きく越え出ていたことは確かである。

カステリョの業績は、同じ福音主義陣営のジュネーヴの神学者たちから批判をこうむっただけでなく、フランス語訳の出版の翌年には、ラテン語訳聖書と共に、パリ大学のソルボンヌ神学部によって断罪を受け、禁書目録に加えられた。

辛苦に満ちたこの数年の間には、いくつかの個人的な悲劇までもカステリョに降り掛かる。一五五〇年一月には、ジュネーヴ時代以来苦労をし続けた妻のユジィヌが、男子出産の際に急逝、その五月には一番下の小さな娘までも失う。他の子供たちも重病にかかり、命まで危ぶまれたが、幸いにも助かった。ついでながら、一六世紀のヨーロッパでは、乳幼児の死亡率が高かったせいもあって、平均寿命は二五歳ほどであった。同年六月、カステリョは幼い子供たちへの配慮もあったのだろうが再婚する。ところがこの頃、再婚のささやかな幸せを吹き飛ばすような暗雲が、地平線のかなたに近付きつつあった。

注

（1） Delormeau　上掲書、五六頁。
（2） 同上　五七頁。Jules Bonnet, *Nouveaux récits du XVI siècle* からの引用。
（3） 同上　五七〜五八頁。
（4） *De haereticis; an sint persequendi* (Genève: Librairie E. Doz, 1954) 一一八〜一二四頁。*In praefatione in Biblia, ad Regem Angliae.*
（5） *De haereticis* 一二三頁。
（6） *La Bible nouvellement translatée avec la suite de d'histoire depuis de temps d'Esdras jusqu'aux Maccabées, et depuis les Maccabées jusqu'aux Christ: item avec des Annotationes sur les passages difficiles.*
（7） Delormeau　同上　一二三頁。
（8） Bainton　前掲書　一〇六頁。

II

「三位一体」の秘儀

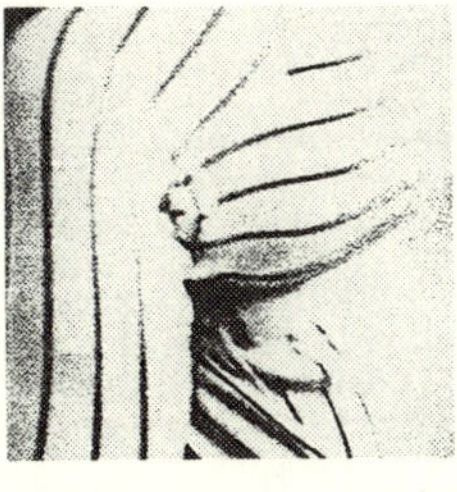

セルヴェトゥス事件

セルヴェトゥスの前半生　ここでどうしても、ミカエル＝セルヴェトゥスについての言及が必要となる。彼こそは、カルヴァンとカステリョの論争の渦の中心に立った人物だったからである。そこで、これまですでに触れた所に加えて、多少ともその生涯をたどり、さらに彼の名を忘れられないものとした「三位一体」論の内容と、それがキリスト教史の中でどのように形作られ、さらにセルヴェトゥス自身がこれをどのように理解・表現したのか、最後に、どこが問題とされたかについて、いくらかのページを費やし、問題の所在をいくらかでも明らかにしておきたい。

セルヴェトゥスの生涯、ことに前半生について知り得ることの多くは、後の裁判での証言その他に依拠する間接資料なので、どこまで信頼が置けるものか、はなはだ疑わしい。セルヴェトゥス自身の発言さえもしばしば混乱していて、必ずしも一致しない。この時代の常として致し方のないところかも知れない(1)。

その出生の年と場所については、さまざまの証拠から一五一一年、スペインとフランスに挟まれた当時のナヴァール王国のトゥーデラという町だったことはほぼ確かである。もしもその洗礼名を論拠にできるとすれば、聖ミカエルの祝日の九月二九日が誕生日となるだろう。幼少のころ、アラゴン王国のサラゴッサの北東にあるビラヌエバ（Villanueva）に移り住んだので、はるか後にセルヴェトゥスが用いた偽名もここから取られることになる。法律家の父親は町の有力者で、兄弟からは教会の聖職者も出ている。あるいは父親も、セルヴェトゥス自身も、それを目指したのかも知れない。

おそらく一四、五歳で、後に皇帝カール五世の告解聴聞司祭となるフランチェスコ会修道士ホアン＝キンタナに仕えるようになり、その間にフランスのトゥールーズ大学で二年にわたって法学を修める機会を与えられた。狭く限られたイベリア半島を逃れ出たこの才気に溢れる若いスペイン青年にとって、まったく新しい世界が開けつつあった。

セルヴェトゥス

スペインの現状

当時のスペインは、中世末期から近世初期にかけての、あらゆる民族的・宗教的・思想的要素の混在する地域であった。一四九二年、六〇〇年にもわたってイベリア半島を政治的にも宗教的にも支配してきたイスラムの最後の根拠地グラナダが陥落し、地中海世界の北半分がようやくのことでキリスト教徒の手に戻った。それだけにスペイン全体は正統カトリック信仰への忠誠心に燃えていたのである。残留していたイスラム教徒や、それまで黙許されてきたユダヤ人を、強制的にカトリックに改宗させる一大キャンペーンが繰り広げられ、そのような企てに付き物の良心の葛藤あるいは不実さにも、こと欠かなかったことであろう。

当然のこととして、非キリスト教徒の側からの反発と批判は、声にはならないまでも、決して小さくなかったはずである。反対に、古くから正統信仰が根付いていた西のヨーロッパ諸国では、スペインのキリスト教の正統性に対する疑惑もなくはなかったことだろう。一度故国を出たスペイン人は、自分の正統信仰を弁疏する必要に迫られることもまれでなかった。セルヴェトゥス自身も例外ではなかったかも知れない。

旧約聖書に基づく一神教という点では共通の根から生え育った三つの宗教――ユダヤ教、キリスト教、イスラム――を区別するのは、「三位一体」というキリスト教教義にほかならない。それだけに、セルヴェトゥスのような鋭敏な魂の持主にとって、三位一体の教義が片時も念頭を離れなかったとしても不思議でなかろう。このように、古い伝統的なものと、新しいものの共存するスペインを象徴するのが、厳しく禁欲的なフランチェスコ会修道士で、しかも教会の最高位聖職者の枢機卿、世俗的にはスペイン王国の大法官、しかもすぐれた人文主義者としては旧・新約聖書全体を、ヘブル、ギリシャの両原語およびラテン語で刊行した（一五二二年）フランチェスコ＝ヒメネス

（一五一七没）であった。キリスト教信仰と生活の源泉である聖書そのものへの興味と関心は、スペインにも満ちみちていたのである。

「三位一体」への疑惑

セルヴェトゥスが初めて聖書を手にするのもこの頃のことかと思われる。それは一五一六年刊行のエラスムスの新約聖書（印象的にも Novum Instrumentum「新しい道具」と題される）か、前述のヒメネスの多国語聖書であったかも知れない。いずれにしても、二〇歳にもならない早熟のセルヴェトゥスを驚かせもし、かつは安堵さえさせたのは、聖書のどこにも、伝統的な教義が指し示すような形での「三位一体」の教理が見いだされないことであった。三位一体の教義の形成の略史については後にもう少し詳しく述べることにするが、聖書本文そのものの中に trinitas という表現が、そのものとしては現れてこないのは事実である。すなわち、一人の神の一つの本質の中に、三つの「位格」が存するという言い回しは求められない。三位一体の教義が、試金石あるいは「踏絵」のようであったスペインの正統カトリック教会に対して、非キリスト教徒は絶えず多神教、三神教の非難を浴びせていた。それはセルヴェトゥスの開眼体験とでも言うべきだった。

聖書と並んでセルヴェトゥスは、初代教会の教父たちの研究を進める。コンスタンティヌス大帝によるキリスト教の国教化、それに伴うキリスト教の「頽落」以前の教父たちの文献にも、三位一体という表現は発見できなかった。キリスト教信仰の規範的権威とされる聖書本文にも、教会教父たちの文書にもないとすれば、少なくとも、「三位一体」を口にしなくてもキリスト教信仰は十分に成り立つのではないだろうか。もっと言えば、それは無用な添加物であって、それ以前の、もっと単純で非教義的、より実践的なキリスト教からの転落の証左なのではないだろうか。セルヴェトゥスの問いは広がるばかりであった。

西欧世界へ

セルヴェトゥスの勉学はここで一時中断される。一五三〇年、キンタナがボローニャで挙行された皇帝カール五世の即位式に出席し、さらには同年開かれたアウクスブルク帝国会議に参加するためドイツに赴くに際し、セルヴェトゥスも随行することになったからである。ルターの「九十五条提題」からすでに十数年、ドイツの宗教改革は各地に広がっていたのに、イタリアは未だに聖俗両権力の乱立・抗争が激しく、教会の倫理的改変も緒に着いていなかった。このような機会に、若いセルヴェトゥスが何を目にしたかは想像にかたくない。それは教会の徹底的な世俗化、聖書の信仰と道徳からの途方もない逸脱であった。反対に、ドイツで見聞したのは、福音主義宗教改革が説いてやまない聖書そのものへの沈潜、その教理と倫理の復元への巨大な情熱であった。アウクスブルク帝国会議に随行したとすれば、会議に出席していたメランヒトン（一五六〇没）やブツァーだけでなく、近郊のコーブルクに潜んで会議の行方を見守っていたルター自身とも、面識を得た可能性を否定できない。

エコランパーディウスとの論争　カトリック教会に絶望したセルヴェトゥスは、同年夏、バーゼルにエコランパーディウスを訪れる。宗教的亡命者を、その信仰内容をあまり些細にわたってあげつらうことなく、食卓の客とするのが常だったこの時代のこととて、エコランパーディウスもセルヴェトゥスのバーゼル滞在をとおして、自宅に滞留させたことは大いにあり得るところである。もっとも、すでに三位一体論について自説を固めていたセルヴェトゥスのバーゼル滞在は、碩学をもって知らぬ者のないエコランパーディウスの教えを乞うためなどではなかった。以後、エコランパーディウスの文通にはしばしば、この覇気に満ちた若者の神学的無謀さについての言及が現れる。二倍も年長で、しかも宗教的寛容で知られたこの教会指導者が、二〇歳そこそこのセルヴェトゥスの気負いに溢れた危険な新説に手を焼くさまが、直接にセルヴェトゥスに宛てた手紙の端々からもうかがわれる。執筆時期は確かめがたいが、エコランパーディウスはこう書き送る。

あなたは、私があなたにとって理解しがたく頑迷だといって私を非難するが、私にこそ、あなたを非難するもっと大きな理由がある。あなたはソルボンヌが三位一体について云々する愚

DE TRINITA
TIS ERRORIBVS,
LIBER PRIMVS.
N SCRVtandis diuinæ Triadis, sanctis arcanis, ab homine exordiendum eo duxi, quia ad Verbi speculationem, sine fundamento CHRISTI, ascendentes, quàm plurimos cerno, qui parum aut nihil homini tribuunt, & ue=

『三位一体論の誤謬について』

> 論を、私が手をこまねいているかのように、私を攻め立てる。……あなたはキリストの教会が長い間、その礎《いしずえ》から逸脱してしまっていると論難する。……あなたは一つの人格の中の二つの本性を否定する。……私はその他の事柄については忍耐強くあろうとするが、キリストについての汚《けが》しごとは我慢できない。(2)

残されているもう一通のセルヴェトゥス宛ての手紙において、エコランパーディウスはセルヴェトゥスに向かって「キリストが神と同質の御子であることを否定する者」と呼び掛ける。(3)同年一〇月にエコランパーディウスがストラスブールのブツァーに宛てた手紙では、セルヴェトゥスはキリストを「父と同じく永遠であることも、同質であることも」否定すると断じている。(4)宗教改革者たちを含めた正統教義を保持する教会と、セルヴェトゥスとの間の論点がほぼ明らかになるだろう。この点については少し後にまとめて述べることとする。

亡命生活

一〇ヶ月ほどもエコランパーディウス宅に寄食し、おそらくは絶えず論争を挑んだ末にバーゼルを去ったセルヴェトゥスは、次にはストラスブールに現れる。同地が宗教的・思想的寛容をもって知られていたことは、すでにカステリョの前半生についての記述でも触れたとおりである。ここでもセルヴェトゥスは、この地の教会指導者たちを相手にして、独自の三位一体論を展開するが、広量をもって知られるブツァーやカーピトらを説得して自説に獲得することは、さすがに不可能だった。

実はこのストラスブール滞在中にセルヴェトゥスは、近郊のハーゲナウの印刷業者ヨハンネス＝ゼッツァーによって、一冊の著『三位一体論の誤謬について』（De Trinitatis Erroribus）を刊行する。(5) その内容については後に紹介するが、紀元四世紀以来、正統と異端の重大な分かれ目であった三位一体の教義についての大胆・不敵な論断は、たちまちセルヴェトゥスをヨーロッパ中の「お尋ね者」とする。もはや彼にはカトリック諸国にも、プロテスタント諸国にも安住の地はなくなった。匿名の著者がスペイン出身のミゲル＝セルベト〔セルヴェトゥス〕その人であることは、もはや公然の秘密となっていたからである。追及の手を逃れるために、一時は、発見されたばかりのアメリカ新大陸への移住さえも考えたと伝えられる。現代でもそうかも知れないが、唯一の解決策は、匿名が可能な大都会に潜入する道であった。

こうしてセルヴェトゥスは、ミシェル＝ド＝ヴィルヌーヴ（Michel de Villeneuve）という偽名のもとにパリで学ぶことになる。はじめは医学、ついで数学、さらに地理学、天文学にまでも彼の勉学の分野は広がる。それまでと同様、聖書や神学、哲学の研究が続いたことはもちろんである。

セルヴェトゥスもまたある意味で、ルネサンスの生み出した万能人の一人であったと言えよう。しばらく後のことであるが、リヨンで彼はギリシャの地理学者プトレマイオスの復刻版を刊行する。「突然の回心」によって福音主義に転向しながら、なおパリに隠れ住んでいたカルヴァンが、セルヴェトゥスに論争を申し込み、両者は面談を約束するが、セルヴェトゥスはついに姿を現さなかったというのが、後のジュネーヴにおける裁判記録の一部である。

医学者としてセルヴェトゥスは人体の実地解剖にも従事し、いわゆる肺の大循環、すなわち心臓と肺との間の血液の循環を発見したとされる。もっとも、はるか後に刊行される『キリスト教復元論』において記述されているこの発見は、科学的・医学的業績というよりは、むしろ哲学的・形而上学的文脈での発言にすぎない(6)。いずれにしても、この若いスペイン人の溢れるばかりの才気のほとばしりを感知させるに十分である。

パリを離れたセルヴェトゥスは生活のためもあってリヨンに至り、そこで出版・校正に携わる。やがて、その近郊で大司教座の所在地ヴィエンヌに移り、医業を営み、大司教の個人的交遊関係をも獲得、その公邸に居室を与えられるほどになる。一五四〇年頃のことであった。それからの十数年は、医師として、また人文主義学者として、人々にも尊敬される平穏な年月であった。その彼が、かの大異端として追及を受けているセルヴェトゥスであることを知る者は一人もいなかったからである。学者としての業績のなかには、ラテン語聖書の刊行や、スコラ学者トマス＝アクィナスのスペイン語訳出版なども含まれていた。

このしばらくの静けさを破ることになったのは、セルヴェトゥスの持って生まれた抑えがたい論争好きと、飽くことのない探求心、そして、ついには自分の破滅を招くに至る自己顕示欲である。実は、医師、学者、土地の名士としての昼間の顔に加えて、もう一つの夜の顔を具えたセルヴェトゥスであった。極秘のうちにセルヴェトゥスは、やがて八つ折版七〇〇ページもの大冊となって完成する『キリスト教復元論』(Christianismi Restitutio)の筆を進めていたのである。(7)

『キリスト教復元論』

一五四一年九月にジュネーヴに帰任したカルヴァンの声評が、ローヌ河沿いにリヨンまで広まるにつれて、セルヴェトゥスはカルヴァンに対して神学論争をいどみたいうずきを押さえられなくなる。一五四六年を境に、両者の間には総計三〇数通の文通が始まる。カルヴァンの手紙には次第に苛立ちの念が表に出るようになる。すでに一五四六年二月一三日付けでヌシャテルのファレルに宛てた手紙にはこうある。「セルヴェトゥスはつい先日私に手紙を送ってきました。これには自分の狂気じみた教義について大法螺《おおぼら》を吹いた部厚い紙束がそえてありました。やがて、吃驚仰天、前代未聞のものを読むことになるでしょう。もし私がこれに気に入ったら、彼はこちらに来たい、などと望んでいます。しかし、私はそれに何の言質も与えないつもりです。なぜなら、もし、彼がこちらに来るならば、私にいささかの力でもあるかぎり、もはや生きて再び彼がここから出ていくようにはさせません」[8]（倉塚平訳による）。
　セルヴェトゥスに自説の非を悟らせようとして、カルヴァンは自著の『キリスト教綱要』を送付するが、セルヴェトゥスはその余白に、多量の、しかも嘲笑的な傍注を付して送り返すことさえあえてした。カルヴァンの憤激の念も無理からぬところであった。

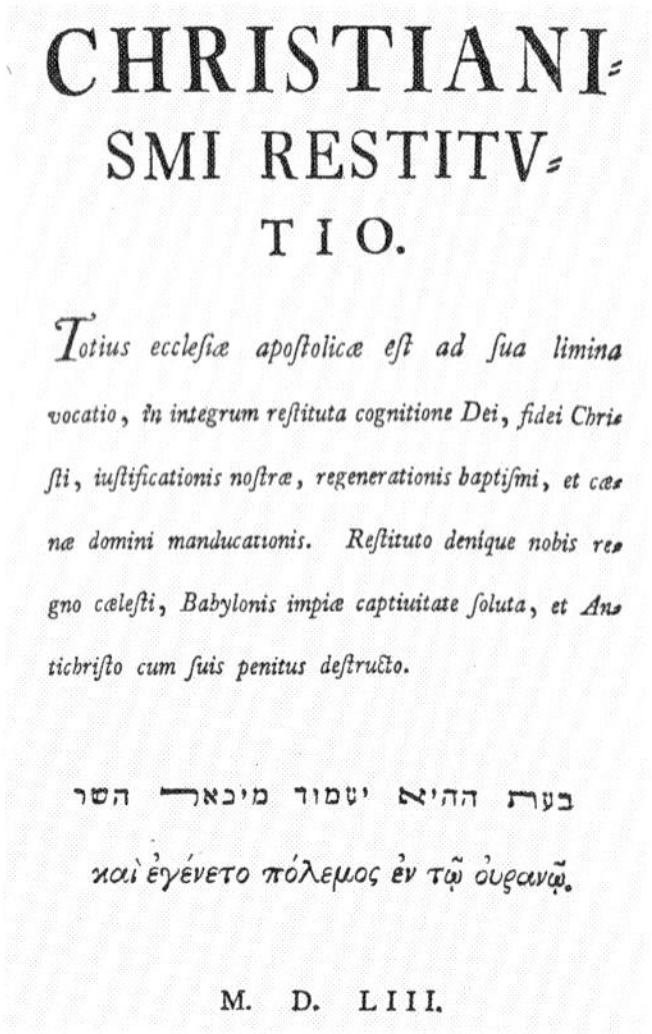
CHRISTIANI-
SMI RESTITV-
TIO.
Totius eccleſiæ apoſtolicæ eſt ad ſua limina vocatio, in integrum reſtituta cognitione Dei, fidei Chriſti, iuſtificationis noſtræ, regenerationis baptiſmi, et cœnæ domini manducationis. Reſtituto denique nobis regno cœleſti, Babylonis impiæ captiuitate ſoluta, et Antichriſto cum ſuis penitus deſtructo.
בעת ההיא יעמוד מיכאל השר
καὶ ἐγένετο πόλεμος ἐν τῷ οὐρανῷ.
M. D. LIII.
『キリスト教復元論』

　その頃、地下出版されたのが前述の『キリスト教復元論』であった。原題の『復元』（Restitutio）は、明白にカルヴァンの『綱要』（Institutio 本来は「手引」を意味する）をもじったもので、もしもカルヴァンがキリスト教信仰への「手引」を言うならば、その当のカルヴァンをも含めて、源泉から遠く逸脱したキリスト教信仰を、再び確立し復興することこそ自分の真意である、との自負の念が表題からもありありと伝わってくる。カルヴァンが個人的な侮辱として受け止めたとしても不思議でない。一五五三年のことであった。たまたまこの頃、陪餐停止（破門）宣告権をめぐるカルヴァンら牧師会とジュネーヴ市議会との対立は、頂点に達していた。カルヴァンの指導権そのものが厳しく問われていたのである。

従兄弟間の交信

ところで、信仰上の理由からジュネーヴに亡命していた一人のフランス人が、リヨンに在住する従兄弟に宛てた数通の手紙が残されている。血縁ではあるが、今では宗教上の立場が違ってしまった二人は、文通によってそれぞれの確信するところを相手に伝えようとしたらしい。聖職者でも神学者でもない平凡な市民でありながらも、信仰の情熱に溢れ、しかもその信仰の内容を的確に表現している点で、一六世紀そのものの息遣いをさえ感じさせるに足ると言えよう。手紙の一部を引用する。

……有難いことに、ここではあなたのカトリックの地方よりも悪がよりよく克服されています。教義や宗教については、われわれはあなた方よりよほど自由ではありますが、にもかかわらず、神の御名が汚されたり、禁遏《きんあつ》さるべき教義や悪しき意見が伝播されることを我慢してはいないのです。そこで私はあなたに一つの例を示したいと思います。それはあなたを大いに慌てさすことになりましょうが、どうしてもいわなければならないことなのです。というのは御地では一人の異端者が養われていますが、この男はどこであろうと焼き殺したほうがいい者なのです。……われわれはお互いに多くの点で違っていますが、次の点では共通だからです。すなわち、神の一つの本質のうちには三つの位格が存し、父なる神はその子を生み給い、子はあらゆる時の以前から神の永遠の知恵であり、また彼は神の永遠の力をもち給うが、それは神の聖霊である、ということであります。ところである男が、われわれの信じている三位一体は地獄の門を守る三匹の番犬（ケルベロス）であり、地獄の怪物であるといい、神の子の永遠の発生について聖書が説いているすべてのことに反対して、考えうるあらゆる下劣なことを吐きちらし、古代教父が教えたことすべてに対して無礼にも嘲笑したとするならば、あなたは彼に対してどう振舞われるおつもりなのでしょうか。……この男はあなた方の間で人気があり、なんの欠点もない人のように認められているのです。……彼はポルトガル系のスペイン人でミカエル＝セルヴェトゥスというのが本名ですが、今はヴィルヌーヴと名乗っている医者で、しばらくリヨンにいましたが、今はヴィエンヌに住んでおり、その地で私がいっている本がバルタザール＝アルヌールという、印刷屋を開業している者によって印刷されたのです。私が出鱈目を語っているとお考えにならないよう、その第一頁を証拠としてお送り致します。……一五五三年二月二六日、ギヨーム＝トリーから[9]（倉塚平訳による）。

トリーがまったくの自発性から手紙を書いたものか、それともカルヴァンないしは牧師団の意向を受けて、いわば代筆しただけなのかは断定のしようがない。少なくとも、受け取り手の従兄弟アントワーヌ＝アルネーは、証拠として『キリスト教復元論』全篇の送付を要請したらしい。そこでトリーは一ケ月後にこう書き送る。

目下のところ私はあなたが要求されているもの、すなわち印刷された彼の本を送ることはできません。だが彼の罪を証明するもっとよいものをあなたに差上げましょう。それは当人の手書きの二四枚の紙で、そこには彼の異端説の一部がふくまれています。……しかし告白しなければならないのですが、私があなたにこれらのものを送るため、それをカルヴァン氏から引出してくるには、大そう骨が折れたということです。氏はかかる呪わしき瀆神が罰せられないことを欲しているわけではありませんが、正義の剣を振うのが職務ではなく、このような手段によって異端を追及するよりは、むしろ教義によって説得することが自分の義務だと考えているからです。(10)

宗教裁判

もっとも、この第二の手紙が届く前に、リヨンの宗教裁判所はすでに活動を開始していた。官憲の踏み込んだアルヌールの印刷工場からは、確かに『キリスト教復元論』の一部が発見された。残るのは、それをひそかに――印刷工自身さえも、自分が何を刷り上げているのかに気付いていなかったらしい――印刷させた著者が、ほかならぬ医師ヴィルヌーヴであることの立証だけであった。四月四日、往診中のヴィルヌーヴ医師は、獄中の病人の診療を求められて牢獄に伴われ、そのまま自分も収監の身となった。翌、四月五日より宗教裁判が開始される。

宗教裁判という事柄自体が私たち日本人には理解しがたいところであるが、厳格な一神教においては、「正統」と「非正統」、いわゆる「異端」との弁別を判然とさせる必要が大きいことは言うまでもないし、ことに四世紀以降、キリスト教がローマ帝国の公認宗教から、さらには唯一の国教にまでなると、政治的秩序への服従が宗教的領域にまでも拡張され、宗教上の一致が国家権力によって強要されるに至る。

もっとも、その場合でも、宗教上の「正統」「非正統」の判断は、あくまでも教会の権能に属することなので、異端審問のための宗教裁判所もまた、本来は司教が教会法に基づいて設置する特別な機関であった。したがって、宗教裁判所には、極刑を含む身体的刑罰を科する権限はないはずだった。しかし、異端的見解の持ち主と判断された「被告」は、破門を宣告されて世俗の司直の手に引き渡されることになっていた。破門を宣告されるということは、キリスト者としての権利を失うことであるが、キリスト者であることと市民であることとが、まったく同じ広がりを持つ（「同延的」な）中世社会においては、破門されて司直の手に引き渡された人間は、市民としての法律の保護をも失うことを意味した。宗教裁判所は異端を世俗の権力に渡す際に、「憐れみをもって処遇せられんことを」という言葉を付するのが定めであったが、それはすなわち「極刑をもって臨むように」という指示にほかならなかったのである。

セルヴェトゥスの裁判に当たっては、全ガリア宗教裁判所長、ヴィエンヌ大司教総代理に加えて、ヴィエンヌ管区警察長官代理も法廷を構成していたことが、膨大な裁判記録から知られる。ここでは裁判の詳細に立ち入ることはできないが、当然のことながら、被告ヴィルヌーヴの法廷戦術は、自分とセルヴェトゥスとが別人物であって、たまたま若い頃に手にした「異端」セルヴェトゥスの著作を、あたかも自著であるかのようにカルヴァンに送付し、その見解を求め、場合によっては論争を挑んだにすぎないことを強調するにあった。しかし、カルヴァンの提供した資料も含めて、証拠は十分以上だった。六月一七日、裁判所は以下のような判決文を申し渡す。すなわち、ヴィルヌーヴは醜悪な異端説、内乱予備、反逆のかどをもって、一〇〇〇ポンドの罰金をフランス国王に支払うべきこと、その著書と共に、被告は市内引き回しの上で、シャルネーヴ広場で火刑に処せられるべきことというのがその内容であった。もっとも、この時すでにセルヴェトゥスは行方をくらましていた。おそらくは、ひそかな庇護者の手引きによって脱獄したものと思われる。本人に代わって、セルヴェトゥスの似像がシャルネーヴ広場で焼き尽くされた。

注

(1) Roland H. Bainton, *Hunted Heretic: The Life and Death of Michael Servetus, 1511–1553* (Boston : The Beacon Press, 1953). 重要な文献は『原典宗教改革史』(前出) に倉塚平訳で収載されている。Emile Doumergue, *Jean Calvin: Les hommes et les choses de son temps* Tome VI. *La Lutte* (Genève : Slatkine

Reprint, 1969).

(2) Doumergue 同上 一九八〜二〇五頁。引用は *Briefe und Akten zum Leben Oekolampads*, hrsg. Ernst Staehelin (*Quellen und Forschungen zur Reformationsgeschichte* Bd XIX, 1934) Nr. 765.

(3) 同上 Nr. 766.

(4) 同上 Nr. 793.

(5) 復刻版 *De Trinitatis Erroribus libri septem. Per Michaelem Serueto, alias Reues ab Aragonia Hispanum. Anno MD XXXI* (Frankfurt a. M. : Minerva G.M.B.H.' 1965).

(6) 『原典宗教改革史』第四章 四二番。三九〇〜九四頁。

(7) 復刻版 *Chrisitianismi Restitutio. Totius ecclesiae apostolicae est ad sua limina vocatio, in integrum restituta cognitione Dei, fidei Christi, iustificationis nostrae, regenerationis baptismi, et coenae domini manducationis. Restituto denique nobis regno coelesti, Babylonis impiae captivitate soluta, et Antichristo cum suis penitus destructo* (Frankfurt a. M.: Minerva G.M.B.H., 1966)

(8) 『原典宗教改革史』三九〇頁。

(9) 同上 三九四〜九六頁。

(10) 同上 三九七頁。

三位一体論の形成

セルヴェトゥスが生きながらにして火刑に処せられなければならなかったのは、三位一体の教義を否定したためであった。そこでどうしても、それほどに重大な、キリスト教の中心教義とまで目された三位一体論の起源とその形成の歴史について、手短に概説する必要があるだろう。何故に、その否定・否認は極刑にまで値すると考えられるに至ったのだろうか。僅かのページ数で、このような主題を過不足なく要約することはきわめて困難であるが、セルヴェトゥスの論議の理解と位置付けのために、多少の説明が欠かせない。もっとも、カステリョの生涯とその論点を知るのに、どうしても不可欠というわけではないので、場合によっては、この章を読み飛ばしても差し支えない。

キリスト論の起源

事柄は本質的には、広義の「キリスト論」と呼ばれる問題である。旧約聖書の信仰が厳密な一神教の上に成り立つことは、改めて言うまでもない。有名なモーセの十戒の第一も、「あなたはわたしをおいてほかに神があってはならない」（出エジプト二〇・三）という厳しい禁止令であった。この信仰に固く根ざしながら、しかも旧約聖書そのものが預言する「救い主」（ヘブル語では「メシア」、ギリ

通俗的三位一体観

シャ語に訳すと「キリスト」。いずれも王また支配者として、頭に「聖油を注がれた者」という意味）が、ナザレのイエスその人であり、約束されていた救いは、イエスにおいて成就されたという新約聖書の信仰は、成立間もないキリスト教会の内側で、さまざまな思想的探求を生み出すこととなる。

福音書にせよ、パウロらの書簡にせよ、新約聖書そのものは、きわめて単純に「ナザレのイエスは救い主キリストなり」、すなわち、イエスはキリストであるという告白をもって十分であるとしたが（例えば、「あなたはメシア、生ける神の子です」マタイ一六・一六、「イエス＝キリストは主である」フィリピ二・一一）、やがてキリスト教がヘレニズム文化のもとにある地中海世界に広く伝わるようになると、ギリシャ哲学に養われたギリシャ的思弁は、上のような素朴な表現をもってしては満足しなくなる。発端は「受肉論」であった。つまり、もしも聖書が言うように、神がまことにキリストにおいて肉を取った、すなわち人となったというのであるならば、神とキリストとの関係はどうなるのだろうか。旧約聖書の厳格な一神教を離れずに、しかもキリストによる救いは完全であるという確信を、どう言い表したらよいのだろうか。

正統信仰の確立

もしも父なる神と子なるキリストとの間で明確な差異があり、しかもキリストが完全な神性を備えているとすれば、二人の神が存在することになってしまわないのか。反対に、もしもキリストが神から明確に弁別されないようならば、キリストは完全な人性を有しなかったことにならないだろうか。もしそうならば、人間の救いは不完全なものに終わらないだろうか。さらに後になって、聖霊も位格化されるようになると、父なる神と子なるキリストと聖霊との関係が問われるようになる。キリストの救いの十全さ、聖霊の執り成しの完全さを保証しながら、三神教に陥らないためにはどのような告白が必要となるのか。

解決策は、神における「一」と、父・子・聖霊の「三」とを合わせて確保する表現を探る道であった。すなわち、統一の中に多元を、単一の中に複数を確保する可能性の模索であった。例えば、テルトゥリアーヌスのようにラテン語を用いる神学圏では、前述の「一」を表す語として、「本質」あるいは「実体」を意味する substantia が、他方、「三」を表すには persona という言葉が用いられるようになる。

これに対し、ギリシャ語を用いる神学者の間では、「一」を表すのに ousia が、「三」を表すには、hypostasis が使用された。ところが、生憎なことに、ラテン語の substantia は、ギリシャ語の ousia よりはむしろ hypostasis に対応するところから、ラテン語圏の神学者とギリシャ語圏の神学者の間で、しばしば無用な誤解や、それに基づく対立・葛藤が起こったのも事実である。このような困難にもかかわらず、ニカイア、コンタンティノポリス、さらにカルケドンと公会議が重ねられるにつれて、教会の公式の教義は、父なる神と子なるキリストと聖霊とは、三つの「位格」(personae) としては別個でありながら、しかも一つの「本質」(substantia) にあずかると表現されることになる。キリスト教教理の歴史で言うならば、三二五年のニカイア公会議におけるアリウス(三三六頃没)論争から、四五一年のネストリオス(四五一頃没)論争に至る一連の出来事である。

養子説

正統信仰の擁護者アタナシウス(三七三没)が拠って立った立場、すなわちキリストにおける救いの完全性を確保するという、基本的には救済論によって導かれた教義形成は、しかしながら、あくまでも論理的整合性を求めてやまないギリシャの思惟にとっては、決して満足すべきものとは思われなかった。イエスの全き人間性を確認しながら、キリストにおける救いの十全性、すなわちその神性をどうしたら告白できるのか、それが問題であった。そこで、大まかに言えば、二通りの思索が展開された。一方では、あくまでもイエスの人間性に力点を置き、ナザレのイエスは単なる人間であったが、しかも倫理的あるいは道徳的にすぐれていたので、神によってよしとされ、神の子として受け入れられたと考える。本来は神の子ではなかったのに、神の子として採択されたとする、いわゆる「養子説」である。それによれば、確かに養子採択によって無限に父なる神に近いものとされたとしても、しかもその神性はあくまでも付与されたものにすぎないから、子の神性と父の神性との間には差異があり、前者は後者に比べて劣ると言わなければならない。その意味では、この立場は「従属説」とも呼ばれる。

その代表的存在がニカイア公会議で異端を宣告されたアリウスである。アリウスによれば、子は限りなく父に近付けられたとしても、しかも父と同質な創造者ではなくて、あくまでも時間の中で創造された有限な被造物にほかならない。ここからアリウスの「未だ子の造られなかった時がある」という表現も生じてくる。アタナシウスが代表するような正統信仰の擁護者たちは、それでは子の神性が不完全なことになり、ひいては人間の救いそのものも危うくなると主張し抜いた。最終的にはアリウスの論議は異端として退けられ、アタナシウスの立場が正統とされたことは前述のとおりである。

仮現説

ところが、反対に、子の神性の完全性を擁護しようとするあまり、子なる神キリストの人性を減滅し、父と子との間の相違（他であること）を見失う危険もなくはなかった。すでに紀元一世紀の終わり頃には、イエスが人間と同じ肉体を持つことを否認し、その地上の生涯、ことに十字架の苦難は単なる見せかけにすぎず、そう見えただけにほかならないという考え（「仮現説」と呼ばれる）が起こり、少なくない支持者を獲得した。初代教会のグノーシス派もその一部である。ここには、「肉体は魂の牢獄である」と断定したプラトンのギリシャ哲学の影響が聞かれるかも知れない。教会はこれをも異端として厳しく対決した。

様態説

グノーシス派とは直接関わりがないが、三世紀半ばのサベリウス（二六〇頃没）やサモサタの司教パウロ（在位二六二―二七二まで）などは、神の単一性を確保しようとする動機から、父と子の間の「他者性」を退け、逆に父と子の聖霊の連続性を強調しようとした。サベリウスによるならば、神は父としては創造者、子としては救済者、そして聖霊としては完成者であって、これらは同じ神の三つの様態にほかならない。別言すれば、神は最初に創造者として、次には救済者として、最後に完成者として自己を啓示するという主張である。ここから、このような立場に対して「様態説」という名称が与えられてきた。あるいは、これに反対した立場からは、いくらかの諷刺をこめて「天父受苦説」とも呼ばれた。十字架上での子なるキリストの苦難は、父なる神そのものの苦しみとなるからである。天父受苦説の代表的な論者はプラクセアス（没年不詳）と見られている。

多くの場合、帝国政治の中枢を巻き込んだ長い論争の末に、正統教会は父と子と聖霊とは、一つの本質（ousia, substantia）にあずかる三つの位格（hypostasis, persona）であり、しかも父と子と聖霊とは、それぞれ「同質」（homoousios）であるという表現を受け入れた。ついでながら、persona というラテン語（ギリシャ語では prosopon）は、もともとはギリシャ劇で用いられる仮面を意味する。すなわち、同じ役者が役割に応じて別の仮面を着けると、別の人格を演ずるという含みを持つ。それだけでは、全体としては様態説への傾きを暗示するかのようであるが、様態説は三つの役割を「継時的」、すなわち時間の連続の中で順を追って違った役割を、しかも、ある時点ではただ一つの役割しか担わないと考えるのに対して、正統信仰は三つの位格を「並時的」に把握する点で、大きな差異がある。すなわち、一なる神は同時に創造者、救済者、完成者なのである。現代の神学者カール＝バルトの表現を借りれば、父・子・聖霊は、一人の神の三つの「存在の様式」(Seinsweise) であることになる。いずれにしても、父・子・聖霊の完全な同質性が公会議で採択され、ローマ帝国の国法の一部に組み込まれてからは、三位一体の否定は国法に対する背反、社会の安寧・秩序に対する挑戦と定められ、反逆罪として極刑をもって罰せられることになった。このような事情は、中世一〇〇〇年の歴史を通じて変わらなかったのである。

キリスト両性論

さて、父と子と聖霊の同質性がこのようにして確立されると、次には第二の位格であるキリストの内側で、神性と人性とがどのように存在するのかという問いが出される。一つの考え方は、キリストの人性を強調し、この人性が神への絶対服従という徳性によって高められ清められて、無限に神性に近付けられたとする立場である。キリスト教の成立の地ユダヤに地理的にも近いシリアのアンティオキアが、このような解釈の中心地となる。前述の三位一体論争で言えば、養子説に連なっていくことが容易に知られるであろう。コンスタンティノポリスの大主教ネストリオスに掛けられた嫌疑も、このような考え方であった。ネストリオスは聖母マリアをキリストの母（Christotokos）とは呼んでも、神の母（Theotokos）と呼ぶことを拒否したと言われる。そこから、中世の宗教裁判では、マリアを「キリストの母」と呼んでも差し支えないかどうかを審問官が問い、このような神学的玄妙さに通じているはずのない一般庶民を、異端と断罪して処罰することが少なくなかった。さぞかし、普通の信徒には解せない話だったことだろう。

この反対の極端は、キリストのうちで神性と人性の両性が混同され、人性が神性に吸収されてしまうため、キリストの人性が私たち人間とは関わりがなくなる危険である。ネストリオスの論敵だったアレクサンドリアの大主教キュリロス（四四四没）は、前掲の区分で言えば、聖母マリアを「神の母」と呼び、受肉の後にはもはや人性は残っていないと主張し、マリアを「キリストの母」としか呼ぼうとしないネストリオスを激しく非難した。形式上は、キュリロスの立場が正統とされたかのようであるが、彼の場合には位格を表す語として hypostasis ではなくて、「本性」を意味する physis を用いたため、ousia と混同された。ここでは、両性ではなく神の一性しか認めない単性論への傾きは否定しがたいし、そこから前述の様態説へと連なっていく危険も小さくない。

こうした長い論争の末に、父と子と聖霊の三つの位格が同質であり（狭義の三位一体論）、キリストの人格の中での神性と人性とが、「混同も分離もされず、しかして区別される」という世界信条の正統信仰告白が受け入れられることになる。

中世スコラ学

このようにして形成された三位一体論は、中世の教会の学問であったスコラ学においても受け継がれたが、しかも、一つの本質に三つの位格という、一見理解しがたく思われるこの教義を、どうしたら論証できるかという問いをめぐっては、いくつもの立場が存在した。ここではセルヴェトゥス自身の類別に従って、三つの学派を数えることにしよう。(1) 第一の立場は、「例証的」(illustrative)とでも呼ぶべき考え方である。その代表はアウグスティヌスである。彼によれば、三位一体の秘儀は、天よりの啓示によらなければ信じがたいところである。何故に、御子は父から生まれると告白されるのに、聖霊は父と子とから永遠に発出すると言わなければならないのか。それは信仰によって承認するほかない教義の一部である。

そうは言うものの、信じた者はその信仰の内容を理解しようとする熱望を持つ。もちろん、三位一体の秘儀を理性によって論証することは不可能であるが、しかも神の似像としての人間の魂のうちには、神性のこのような構造を反映し、これを例証する能力が与えられている。例えば、人間の記憶と知性と意志の三つの能力は、それぞれ別な精神的能力であるが、しかもその働きにおいては一つである。さらに別の例を挙げれば、愛する者と愛される者、そして愛そのものの三つは、それぞれ別であるが、しかも一つである。繰り返すようであるが、これらは三位一体の秘儀の論理的証明そのものでは決してないが、しかもこのような人間的・地上的な事例は、神的・天上的秘儀の例証となり得るのである。この立場はアウグスティヌス以後、ペトルス＝ロンバルドゥス（一一六〇／六九没）を経て、トマス＝アクィナス（一二七四没）へと受け継がれていくことになる。

中世スコラ学の第二の立場は、サン-ヴィクトールのリカルドゥス（一一七三没）の提唱にかかわるもので、「実証的」（demonstrative）と呼ぶことができるかも知れない。それは根本的には新プラトン主義の神観、すなわち神は一であるが、無限に自己を分与し拡散するのがその本性であるという前提から推論する。ただし、リカルドゥスの場合には、神の自己分与は決して無限ではなくて、三に留まる。したがって、なぜ三に留まるのかという点では信仰告白となる。さて、リカルドゥスによるならば、神は愛であるが、愛は必ずや自分以外の、自己とは別個の、しかも自己と対等の愛の対象の存在を要請する。神は愛の対象としての神を必要とするはずである。もっとも、これでは二に留まり、三にはならないではないかという問いが生じる。そこでリカルドゥスは、嫉妬の念を抜きにして、愛を共有できる第三の存在がなければならないと主張する。それが聖霊にほかならない。こうして、聖なる三位一体は理性のみによって論証されるとリカルドゥスは主張する。

ところで、第三の立場は、前で述べたような例証にも実証にも絶望して、端的に教会の権威に訴える。すなわち、中世も末期に近付き、中世を一貫する基本理念である統一・統合・一致の可能性が現実問題として揺るぎ出すと、スコラ学の根本課題であった理性と信仰、哲学と神学との総合の可能性についても大きな疑いの念が生まれ始めた。第三の立場を代表するのは、ウィリアム＝オッカム（一三四七没）で、その背後にあったのは、中世末期の唯名論と呼ばれる哲学上の立場である。

それによれば、実在するのは目で見、耳で聞き、手で触れることのできるような具体的・個別的なものだけであって、それを越えた、どれにでも妥当するような普遍的なものは、単に名称にすぎない。そこから「名前のみ」という意味の唯名論という呼び方が生まれた。たとえば、「国家」というものは単なる名称にすぎず、現実に存在するのは個々の国民だけと考えられる。あるいは、「教会」を例に取れば、それ自体が「普遍・公同的」という意味でのカトリック教会は、名称だけの存在であって、実在するのは各地に現存する個々のキリスト信者の集まり、すなわち会衆だけとなる。そうなれば、普遍・公同教会の首長としてのローマ教皇のごときも、実はそもそも存在しないものの頂点に立つ虚構にすぎないことになりかねない。こうして、唯名論は中世の教会制度と、そこでの聖職者支配を根底から危うくする結果となる。

さらに、もしもこの論法を三位一体に適用するならばどうなるだろうか。三つの位格を統合する普遍・共通存在としての神は、単なる観念にすぎず、実体を持たないことになる。したがって、父・子・聖霊なる三つの位格は、それぞれ別個に存在する三なる神とならないだろうか。こうして三位一体はいっさいの哲学的・理論的根拠を失う結果となる。そうなれば、三位一体の教義を保持する唯一の道は、これまでそれを疑うべからざるものとして教会が教えてきたという権威に訴える方法である。そこで、一度この教会の権威そのものが倒壊の危機に面するならば、三位一体の教義もまた、たちまちにその論拠を失い、瓦解《がかい》する恐れが小さくない。そして、事実として起こったことは、まさしくそれ以外の何物でもなかったのである。一六世紀初頭、カトリック教会そのものが揺るぎ出したからである。

セルヴェトゥスと三位一体論 ——聖書規範

そこで問題となるのは、セルヴェトゥスがこのようなキリスト教思想の模索の歴史と、どのように対決し、これを乗り越えようとしたのか、その結果として、どの点でいわゆる正統信仰から逸脱する結果となったのかということである。答えはけっして容易でない。第一、セルヴェトゥスが、前にも触れた『三位一体論の誤謬について』を秘密出版したのは、彼が二〇歳頃のことで、したがって、その執筆に当たった時は一八、九歳にすぎなかった。その若いセルヴェトゥスから系統立った論述を期待すること自体が無理な話である。もっとも、それにしてはセルヴェトゥスの読書・研究の広さは驚くほどである。彼は旧・新約聖書の両方に原典で精通し、さらにニカイア公会議前後の教会教父の諸文献を跋渉《ばっしょう》し、加えて前述のような中世スコラ学の論議にも通じていたことは明白である。それにしても、セルヴェトゥスの論述はしばしば混乱しているので、その議論を正確にたどることは不可能に近い。そこで以下において、セルヴェトゥスの論議の規範あるいは尺度と思われるものを列挙して見ることとしよう。意外にも、それらは一六世紀の教会改革運動全体、中でもいわゆる「急進派」に共通の原理であることに気付かされる。

セルヴェトゥスの批判基準は何よりもまず聖書そのもの、しかも書き記されているとおりの聖書(Scriptura scripta)である。セルヴェトゥス自身の言葉を『三位一体論の誤謬について』から引用するならばこうなる。「私としては、キリストの言葉を最も単純に理解する。私はだれかがそれに無理強いするのを黙許しない。私はあなたが聖書を自分［に都合の良い方］に引っ張り寄せて、勝手なでっち上げをするのを望まない[2]」。ここに見られるのは、極端なほどに単純な聖書の語句主義あるいは逐語主義である。そこから、聖書の中で明言されていない表現や措辞《そじ》はすべて排除されることになる。したがって、聖書の中にはどこにも、「一つの本質と三つの位格」などという表現が用いられていない場合には、これを言わなくても聖書の信仰が成り立つことになる。

もっとも、セルヴェトゥスの場合には、このような聖書主義が、しばしばきわめて不確かな論拠や、時には勝手な思弁によって、とんでもない方向へとねじ曲げられる危険を伴うのも事実である。たとえば、セルヴェトゥスは旧約聖書の中で神を指すために用いられる三つのヘブル語、ヤハウェ(イェホヴァ)とエロヒームとアドナイが、それぞれ異なる度合いの神性を持つ別個の存在を示すと主張する。そこから、新約聖書において、かの「疑い深い」弟子のトマスが、復活のイエスに向かって「わが主よ、わが神よ」と叫んだ時（ヨハネ二〇・二八）、それは全能の父としてのイェホヴァに向かってではなくて、一段劣るものとしてのエロヒームへの告白であったとセルヴェトゥスは断定する。(3) 今日の通説では、このような区別は成り立たない。

さて、セルヴェトゥスが依拠する第二の規範は、ニカイア公会議の以前か以後かという点である。セルヴェトゥスによれば、ニカイア公会議以後のキリスト教は原初の純正さを失ってしまった。なぜならば、教会が国家権力の保護のもとに、それとの妥協によって、三位一体の教えを「教義」、すなわち、それを受け入れることなしには、純良なカトリック信徒とは認められない特別な教理にまで高めたのも、それ以後のことだからである。前述の『三位一体論の誤謬について』からは、セルヴェトゥスがニカイア公会議前後の教父文献を読みふけった跡が十分にうかがわれる。セルヴェトゥスが反論を加える目的で引挙する古代の著述家たちのうちには、アリウスを始め、マケドニウス、アエティウ、エウノミウス、マクシミヌス、ネストリオス、エウティケス、プラクセアス、ヴィクトリヌス、サベリウスなど、文字どおり枚挙に暇がないほどである。反復するようであるが、アリウスもまた否定的に言及されていることに注目すべきである。若冠二〇歳足らずの青年としては、驚くべき読書量と言わなければなるまい。

セルヴェトゥスと中世スコラ学　他方、セルヴェトゥスが中世のスコラ学にも深く広く精通していたことは明らかである。セルヴェトゥスはアウグスティヌスをよく読んでおり、前述の「例証的論議」の問題点をも明確に意識していたと思われる。例えば、アウグスティヌスは牧場に牛の足跡が残されていれば、牛の存在そのものも明白に指し示されると同様に、人間の精神の内面的構造から神の三位一体的在り方が類推できると議論するが、そもそも一度も牛を見たことのない者に、どうして足跡から牛を例証できるだろうか。さらには、前節で第二の立場として挙げた論証的方法をセルヴェトゥスはまったくのナンセンスで、聖書のあずかり知らない「哲学遊び」(philosophaturum)、あるいは「哲学的疫病」(philosophica pestis) として拒否する。(4) 前で第三の立場として数えたオッカムの思想にもセルヴェトゥスが通じていたことは確かである。オッカムの学派はこの時代には、トマス＝アクィナスやペトルス＝ロンバルドゥスの代表する流れ（古い道、すなわち「旧神学」と呼ばれた）と区別して、新しい道、すなわち新神学と呼ばれていた。セルヴェトゥスはオッカムのほかにも、同じ新神学に属するロバート＝ホルコット、リミニのグレゴリウス、ピエール＝ダイイ、さらにはジョン＝マヨールなどへも言及している。

前述のようにセルヴェトゥスは例証論にも実証論にも賛成しないが、さりとてオッカムに従うかと言うと、それもまたよしとするところではなかった。オッカムから生じてくるのは、哲学における真理と神学における真理とを区別し、たとえば三位一体論のように、哲学の真理としては成り立たない所説も、神学的ないしは信仰的には真理として受け入れなければならないという、いわゆる二重真理説であるが、気鋭の人文主義者としてのセルヴェトゥスにとって、これは到底認めがたいところであった。いわんや、そこに内包される権威への服従の要求は、セルヴェトゥスにとってとても我慢のできないものであった。枢機卿ピエール゠ダイイは教えた、「神はこれらの真理がカトリック信徒によって信じられることを欲し給う。神はそれらを教会に啓示され、教会の権威によって決定するようにと定められた」。しかし、教会の権威そのものが揺らぐとすればどうなるのだろうか。そして、すでに現実にそうなっていたのである。

セルヴェトゥスの三位一体論

セルヴェトゥスが三位一体について、「そうではない」と言った批判的・破壊的側面はそれだけとして、それでは、セルヴェトゥス自身はどのようなキリスト論の樹立を目指したのだろうか。これははなはだ困難な問いで、近代においてさえも、セルヴェトゥス研究家の間で大きく議論が分かれている。いささか大胆すぎる言い方かも知れないが、同時代の人々がどのように受け止めたかは別問題として、セルヴェトゥスの意図そのものは、三位一体の否定・否認というよりは、表題そのものが暗示するとおり、伝統的な理解の誤りを指摘し、もっと聖書本文に対応し、理性にとっても受容しやすく、キリスト教的な敬虔の涵養《かんよう》にもより有益な所説を見いだそうとするところにあったという、研究者ウィルバーの解釈は、それほど見当はずれではないかも知れない。

もう少し詳しく言うならば、セルヴェトゥスの出発点は、スコラ学の観念的・抽象的・形而上学的キリスト像ではなくて、現実の歴史を生きた地上のナザレ人イエス、福音書がいきいきと描き出し、使徒教父たちが信じ、受け入れたような人間イエスそのものである。だからと言って、セルヴェトゥスはこのイエスが、まったく単なる人間にすぎなかったと断言しているわけでは決してない。セルヴェトゥスもまた、イエスを神の子と告白する。時には彼はこのようなイエスへの賛美を、ほとんど叙情的な語調と神秘主義的な恍惚をこめてうたいあげる。もちろんのこと、一六世紀に生きたセルヴェトゥスが、現代神学が言うような意味で、「歴史のイエス」と「信仰のキリスト」という区別を立てているわけではないが、それでも、前者を抜きにした後者は、内実を失った悲しい思弁でしかないことを訴えてやまないのである。

繰り返すことになるが、セルヴェトゥスは決してイエスが救い主であること、そのかぎりで神性の保持者であることを否定しない。イエスは神の完全な神性を父と共に持つという意味で神である。しかも、イエスのこの神性は、存在あるいは実在としてよりは、力として、あるいは働きとして解されなければならない。この点で間違うと、一つの本質に三つの位格といった定式の思弁が生まれてしまう。聖書が証示するのは、父と子との間での心と意志の合致・調和にほかならない。もっと積極的に言うならば、神のうちには「三つの精妙なる経綸」(tres admirandas Dei dispositiones) が存在する。ギリシャ語の oikonomia に相当するこのラテン語（dispositio）は、きわめて広汎な意味を持つが、おそらくはセルヴェトゥスの真意は、神が存在として三つの位格を持つというのではなく、三つの在り方において自己を啓示すると言いたいのだと思われる。(5)

セルヴェトゥスによれば、神性は自己を段階的に流出させ、その子イエス＝キリストへ、そしてさらには人間自身の霊へと連なっていく。ここには確かに新プラトン主義の反響が聞かれるし、聖霊と人間の霊一般との危険な混同がうかがわれるのも事実である。もしもセルヴェトゥスの立場をこのようなものとして理解してよいとすれば、それは古代の教理の歴史では、サベリウスやサモサタのパウロの「様態説」に一番近いと思われるが、しかも前述の流出論のせいで、子の様態は父のそれとまったく同質なのではなくて、旧約聖書においても、通常の人間を越えた存在が「神」と呼ばれても差し支えないという意味と程度において、神的と言われるのである。さらに、聖霊については、前にも述べたように人間一般の霊性と等置される危険を拭い切れない。(6)

いずれにしても、次のようなセルヴェトゥスの発言は、カトリック、プロテスタントを問わず、当時の教会にとって到底許容しがたいところであった。彼は言う、「聖書のどこを捜しても、三位一体とか、その位格とか、本質とか、実体の統一とか、いくつかの存在の一つの本性とか、その他、彼ら〔スコラ学者〕の口にするような荒仕事や屁理屈は一語も見いだされない」。(7)

このような大胆不敵で奔放な発言の主は、疑いもなく危険な「異端」にほかならなかった。追及の手が緩むことがなかったのも無理はない。

注

(1) *De Trinitatis Erroribus* 二四a頁。日本語抄訳『宗教改革著作集』一〇巻「カルヴァンとその周辺」II 出村彰訳（教文館、一九九三）。
(2) 同上 九a〜b頁。
(3) 同上 一四a〜b頁。
(4) 同上 四三頁。
(5) 同上 三六b〜三七a頁。
(6) 同上 三九a頁参照。
(7) 同上 三二a頁。

セルヴェトゥス裁判

ジュネーヴ投獄

一五五三年四月七日、ヴィエンヌの司教法廷を脱獄したセルヴェトゥスの名が再び公文書に現れるのは、同年八月のジュネーヴにおいてである。八月一三日、日曜日、ジュネーヴ市内マドレーヌ教会堂での聖日礼拝終了直後、会堂を去ろうとする会衆の中から時ならぬ叫び声が上がる。「セルヴェ、セルヴェ、異端、大異端のセルヴェだ」と。数名の者が四〇過ぎのひとりの男を指さしながら大声を発しているのである。折から市内巡邏《じゅんら》中の警吏が駆けつけ、この見知らぬ男は収監される。もう少し丁寧に言えば、この男を見とがめた数名の者がカルヴァンに連絡し、カルヴァンは市議会に通告を送って逮捕にこぎつけたのである。それが、やがてはヨーロッパ中を揺るがすセルヴェトゥス事件の思いもかけぬ発端であった(1)。

なぜジュネーヴへ

現代の研究者たちは問い続けてきた。何故にセルヴェトゥスは、ジュネーヴに、こともあろうに、カルヴァンのジュネーヴに姿を現したのだろうか、と。カルヴァンはかねがね、万一セルヴェトゥスがこの地に現れるようなことがあるならば、決して生きたままで立ち去らせはしない、と言っていたではないか。いったいセルヴェトゥスは、どれほどの期間この町に潜んでいたのであろうか。裁判の席で、セルヴェトゥスは自分の滞在がたった一晩の予定で、次の日には、ナポリに向けてまた旅を続けるつもりであったと主張した。だから、前の晩からすでに宿の主人にも、翌日レマン湖を渡ってチューリヒへと彼を運ぶ船を予約してもらっていたのだ、とも。後世の歴史家の中には、ジュネーヴの公安と秩序には指一本ほどの危害をも加えることなく、ただ通り過ぎるだけだった旅行者を逮捕し、ついには死に追いやったカルヴァンに非難の声を挙げる者も少なくない。二六年前の夏、ほかならぬカルヴァン自身も、ただ一晩の宿りを求めてジュネーヴを通りかかったではないのか。

そうであったのかも知れない。しかし、別の推測も可能である。セルヴェトゥスは実はすでにかなりの期間ジュネーヴ市内に潜伏し、カルヴァン覆滅の機会をうかがっていたのだ、とも。確かに、一五五三年はカルヴァンにとって危機の連続であった。かねてからカルヴァンは教会権の自律性を樹立し、その具体的表現として、陪餐停止（破門）宣告権を長老会の手に確保するために、あらゆる努力を傾注してきた。そのためには、町の古い貴族階層の出で、ジュネーヴ共和国独立の英雄の子でありながら、かねて素行上なにかと悪評の高いフィリベール＝ベルテリエに対して破門を宣告し、聖餐に加わることを禁じていた。そのベルテリエが市議会に破門解除の請願を提出することで、市内に依然として根強い反カルヴァン勢力を糾合し、一気にカルヴァン追い落としを画策していたのは、ちょうどこの頃のことであった。

セルヴェトゥスが反カルヴァン派とひそかに連絡を取り、あるいはその庇護のもとで、市内にかくまわれていた可能性は否定しがたい。二〇年前、パリに潜伏中に知り合って以来、自負の念に溢れるこの才気渙発のセルヴェトゥスが、カルヴァンに対してひそかに燃やし続けてきた個人的な対抗心と羨望の念が、セルヴェトゥスを駆り立てて、このような途方もない政治的陰謀へと走らせたとしても不思議でない。あるいはまた反対に、共に反体制運動の担い手として、何らか通底する親近感のようなものを持ち、まるで誘蛾燈に惹かれる虫のように、ジュネーヴへと引き寄せられて来たという解釈も可能だろう。歴史のふところは深いのだ。

セルヴェトゥス告発状

逮捕の翌日、八月一四日には告訴状が提出される。ジュネーヴの訴訟手続では、おそらく密告を避けるためであろうが、告訴人もまた被告と共に収監されることに決まっていたので、このあまり名誉でもない役割は、カルヴァンの秘書ニコラ＝デ＝フォンテーヌが担うことになる。もっとも、内容にはカルヴァンが深く関与していたことは自明の理である。以下において、四〇項目にも上る告訴理由から、主として前節で略述した三位一体論に関わる部分を抜萃し、セルヴェトゥスの「異端性」を垣間見ることにしよう（倉塚平訳による）。

一　かの男はほぼ二四年前ドイツの教会を誤謬と異端説によって乱そうとしはじめ、断罪されると逃亡して、彼に加えんとした罰を免れた。

二　彼はこの頃あるいはその前後、嫌悪すべき本を出版し、多くの人びとに感染させた。

四　彼は後にひそかに他の本を出版したが、それは無数の瀆神をふくんでいる。

六　神の本質の中には三つの異なった位格、すなわち父と子と聖霊があると信じている者は、人が想像することもできぬし、してはならない四つの怪物をつくりだしているのだと、彼は書いたり、教えたり、弘めたりしなかったかどうか。

七　神の本質についてかかる区別をすることは、唯一の神を三分割することであり、それは古代の詩人が地獄の三匹の番犬とよんだケルベロスのごとく、三つの頭をもった悪魔、怪物あるいはそれに似た不正なることである云々、といわなかったかどうか。

九　わが主イエス＝キリストは、聖霊により処女マリアの胎内にみごもるまでは、神の子ではない、といわなかったかどうか。

一〇　イエス＝キリストが永遠の昔から父なる神によって生まれた言葉であると信じる者は、空想的で迷信的な救済観をもっているにすぎないと、いわなかったかどうか。

一一　イエス＝キリストは、神が彼を神となし給うた限りで神である、といわなかったかどうか。

一二　イエス＝キリストの肉は、天から来たものであって、神の実体から生じたものであると、いわなかったかどうか。

以下、霊魂不滅説の否定（二七）、原罪説の否定（三〇）、幼児洗礼の否定（三一）等々が続き、三七項では「彼はこのジュネーヴ教会の神の言葉の教役者たるジャン＝カルヴァン氏に対し、あらゆる不正と冒瀆をデッチ上げて、浴びせかけ、印刷された本を通じて、彼が説く教義の名誉を汚した」。三九項は「ニコラは、セルヴェの教義が正しいかどうかの論争に入る前に、ここで述べられた諸箇条の事実に対して彼が返答するように命令されることを要求する。その返答の後に教義論争を行うよう願いたい」と結ばれる。(2)

セルヴェトゥスとアリウス主義　ここで、セルヴェトゥス事件とは直接に関係ないかも知れないが、従来セルヴェトゥスにかぶせられてきた「アリウス主義」という嫌疑の是非を見るためにも、最新の研究書から、一般にアリウスの思想内容とされるものを項目化して掲げることにする。

一　神は常に御父であったわけではなく、御父でないという状況のうちにいまし給うたこともあった。

二　ロゴスあるいは御子は、一被造物である。神は無よりロゴス・御子を創造した。したがって、ロゴス・御子は、起源を有せず永遠なる神に対して、本性あるいは実体において関与することができない。御子は常に存在していたわけではなかった。
三　二つのロゴスと二つの知恵が存在し、いくつかの神の力が存在する。
四　御子は、本性において可変的であるが、神の賜物によって不変を保つ。
五　ロゴスは神的存在とは異なるものであり、真の神ではない。なぜならロゴスは存在を与えられたものだからである。
六　神についての御子の知識は不完全である。御子は御父をただ認知し理解するにすぎない。御子は存在を与えられたものであり、被造物は創造者を完全には知り得ないからである。
七　御子の自分自身についての知識は限られている。
八　御子は、われわれ人間を創造するための道具として、われわれのために創造されたものである。
九　異なった実体の三一が存在する。三つの実体は、その本質において異なっている。それを三一にする統合の力は、純粋に道徳的な結合の力であり、意志と性向に基づく。

以前の章および前述の告訴文の内容からも、僅かの差異を別として、セルヴェトゥスとアリウスとの類似性あるいは共通性は否定しがたい。そして、アリウス主義こそはまさしく「異端」そのものであった。加えて、告訴状三〇項の幼児洗礼の否定については多言を要しまい。詳述は後に回すが、幼児洗礼の否定、再洗礼の施行は、三位一体論の否定と並んで、帝国法たるユスティニアヌス法典で死刑をもって禁じられる重大違反であった。こうしてジュネーヴ市政府の法機構は全面的に機能を開始する。

ここではこれ以上の詳細に立ち入る紙幅の余裕は残されていないが、一〇月末の悲劇的結末に至るまでの裁判のすべての過程は、驚くほどの厳密さと正確さをもって記録され、保存され、現に公刊されている。ヨーロッパにおける法意識の伝統の反映と言えるであろう。日本史では室町末期、戦国時代のことである。

裁判の進展

裁判そのものを細部にわたって述べることはほとんど意味がないだろうが、裁判はいくつかの局面と段階で展開された。最初に、前にも触れた告訴状に基づき、八月一七日にはカルヴァン自身も市議会に出頭して告訴の内容について陳述する。市議会は論点が単なる神学論争ではなく、ジュネーヴ共和国の公安と秩序に関わるとの判断を下し、以後は現代風に言えば検察官が審理を担当することになる。その間に、カトリック領のヴィエンヌとも交信が重ねられて証拠が集められる。第三の局面は、カルヴァンとセルヴェトゥスとの間の文書による神学論争である。牧師団が突き付けた三七項目の論駁文に対し、セルヴェトゥスが書き込んだ膨大な欄外注が残されている。第四の局面は、この事件をめぐる、スイス盟約共同体を構成する福音主義の諸州（カントンあるいはオルトと呼ばれる）からの意見聴取である。八月二一日、ジュネーヴ市議会はチューリヒ、ベルン、バーゼル、およびシャフハウゼンの各市議会に宛てて書状を発送する。それによれば、すでに各教会の牧師たちに判断を求める文書が直接送られているので、市当局がその影響力を行使して、「彼らがすべてを審議し、その返答を送付し、事件が適切に処理されるように」という依頼であった。やがて返事が次々と到着するが、そのいずれもが、セルヴェトゥスに対する極刑を積極的に支持する内容のものであった。

セルヴェトゥスは何度かにわたって市議会に請願書を送って、公正な審議と人道的な取り扱いを要求した。九月一五日の嘆願によれば、獄中のセルヴェトゥスは着替えさえも持つことを許されず、「しらみが私のこの生身を食い荒らしてい」る有様であった。このような処遇を、カルヴァンはユスティニアヌス法典を引き合いに出して（つまり、異端には「人権」は認められないということ）正当化しようとしているが、そもそもカルヴァン自身が、「聖なる教会や司教・聖職者やその他の宗教の事柄について語っていることを守ってもいないし、信じても」いない。セルヴェトゥスは弁護人あるいは代理人を自分に付けてくれるようにと要求し、勝訴の際にはすべての費用を「最初の告訴人ならびにこの裁判を自ら起した張本人カルヴァンに対して負担させるよう」にと求める。(3)

一週間後の九月二二日付けの請願書は、自分に掛けられている嫌疑の中から「霊魂は死するものである」こと、「イエス＝キリストは処女マリアからその肉体の四分の一しかとらなかった」と述べたという告訴内容を強く否認し、霊魂不滅の否定は、あらゆる異端、あらゆる犯罪のうちでも最悪であり、「他のすべての異端や犯罪には救いの希望がまだありますが、これにはそれがない」と言う。「それゆえ、皆さん、かの偽の告発者が同害報復の罰で罰せられるよう要求します。そして私同様彼を投獄し、彼の死刑か私の死刑か、あるいは他の罰によって裁判が終わるように要求します。……以上の二点ならびに以下彼に対して提起する他の点について証明することができなければ、私は死んでも結構です。諸氏よ、私は正義を要求します。正義を、正義を」とセルヴェトゥスはこの請願書を結ぶ(4)。

嘆願や請願に留まらず、セルヴェトゥスは同じ日付けでカルヴァンを逆告発する法廷戦術に出る。セルヴェトゥスの告発によれば、カルヴァンは教義の問題は犯罪告発の対象とはならないという古代の教父以来の通説に背いており、重大な職権濫用を犯し、福音の教役者の職務にも違反している。次に、カルヴァンは根拠のない告発をなすことで虚偽を申し立て、さらに、つまらない個人的中傷によってキリストの真理を抑圧しており、かの魔術師シモンと同様にこれをジュネーヴから追放に処し、没収した財産をもって自分への補償とすべきである、と。このような積極策ないしは高飛車な態度を根拠として、彼が獄外の反カルヴァン派、すなわちリベルタンらを一脈合い通じるものを持っていたと推論する学者もいるが、もちろんのこと真偽のほどは確かめようがない。少なくとも、

かのベルテリエが破門解除の請願を提出するのは九月一日のことで、時期的にはまったく重なり合うのは事実である。(5)

判決文　孤立無援、単身で獄中闘争を継続するセルヴェトゥスにも最後の日が来る。一〇月二七日、ジュネーヴ法廷はセルヴェトゥスに対する次のような判決文を申し渡す。そこには大略こうあった。(6)

スペインのアラゴン王国ヴィルヌーヴ出身のミシェル＝セルヴェに対して

汝はほぼ二三、四歳にしてドイツのハーゲナウで聖三位一体に反対する本を出版したことによりまず起訴されたが、その本は聖三位一体に反する様々な大きな冒瀆をふくみ、ドイツ教会の憤激を引き起こしたものであり、彼が自ら告白するごとく、ドイツの学識ある福音の教師たちがその謬説に対して加えた忠告懲戒に逆って出版したものであった。

尚また、その本はドイツの教会の教師たちによって異端に満ちたものとして非難され、彼はこの本のゆえにドイツから逃亡した。

尚また、それにもかかわらずセルヴェはその誤謬を保持し続け、できるかぎり多くのものに感染させようとした。

尚また、彼はそれに満足せず、その毒液と異端説とをもっとうまく洩れ流すため、しばらくしてドフィネ州ヴィエンヌにおいて隠れて本を印刷させたが、その本は恐るべき異端説と呪うべき瀆神に満ちたものであり、聖三位一体、神の子、幼児洗礼、その他の多くの聖句ならびにキリスト教の基礎に反対している。

尚また、自発的に告白したごとく、三位一体を信ずる者を彼は三神論者とか、無神論者とよんでいる。

尚また、彼は三位一体を三つの頭をもった悪魔とか化物と呼んでいる。

尚また、彼はキリスト教の真の基礎に反対し、神の子に対して忌わしき冒瀆を犯しつつ、イエス＝キリストは永遠の昔から神の子だったのではなく、ただ受肉以後神の子となったのだといっている〔中略〕。

尚また、悪意に満ちたセルヴェは神と聖なる福音の教義に反対するために書いた彼の本にキリスト教の復興という題をつけて、無知で憐れな者をよりうまく誘惑し裏切ろうとし、またよき教義のみせかけのもとに、この本の読者に忌わしくも邪悪なるその毒を巧みに感染させようとした。

尚また、この本以外にも手紙でわれわれの信仰を攻撃し、その毒を感染させようと努め、すでに自発的に告白し承認したごとく、わが市の教役者の一人に手紙を書き、その中でわが聖なる福音の宗教に対し多くのおそろしい度はずれた冒瀆を行ったが、とくにわれわれの福音は信仰なく神なく、神の代りに三頭の地獄の怪物をもっていると語った。

尚また、自発的に告白したところだが、上述のヴィエンヌでこの悪しく呪うべき本と意見により、彼は投獄されたが不誠実にも牢を破り逃亡した。

尚また、セルヴェは真のキリスト教ばかりでなく、傲慢な異端の革新者として法王派やその他に対してもその教義を向けたので、ヴィエンヌにおいてすら彼は似顔絵をつくって焼かれ、五つの梱包に入っていた本も焼かれた。

尚また、それにもかかわらず、この市の牢獄に留置されながら、その邪悪にして忌むべき誤謬をあくどくも固執することをやめず、真のキリスト者と純粋無垢なるキリスト教の忠実なる下僕すべてに反対し、不正と中傷をもってそれを主張しようと努め、彼らは三神論者、無神論者、魔法使いなどと呼んだ。しかも上述のごとくすでに永らく前にドイツで彼に対してなされた忠告にもかかわらず、また他の地やここでなされた逮捕、投獄、懲戒を軽蔑して、かかることをなしたのである。彼の裁判においては、より詳細で長々として理由が述べられた。

そして、われわれ市長ならびにこの市の刑事裁判の判事たちは、汝スペインのアラゴン王国ヴィルヌーヴ出身のミシェル＝セルヴェに対して、わが検事の求めに基づき、われわれの前で行われた当法廷の裁判を審理し、その審理ならびにわれわれの前で幾度も繰返された汝の自発的告白と証拠として提出された汝の本により、以下のごとく確認する。すなわち、汝セルヴェは長期にわたり誤謬と異端に満ちた教義を主張し、あらゆる忠告や懲戒を無視し、悪意に満ちたさかしらなる頑固さによって、父なる神と子と聖霊、すなわちキリスト教の真の基礎に反対した本を公然と印刷し、執拗にもその教義を蒔きちらし吐きちらし、それによって神の教会の中に分裂と争いをつくりだそうと試み、おそらくそれによって瞞《だま》された人びとの魂は滅び失われるに至ったのである。汝が神の主権と聖三位一体に真向から反抗したことは、戦慄に値するほど恐ろしいことであり、また人を躓《つまず》かせる有害なことであるが、汝はそれを恥じも怖れもしなかった。しかも汝は汝の異端説と悪臭を放つ異端の毒によってこの世を染めようと執拗に努力しかつ没頭したのである。これは重大かつ忌わしき異端の罪であり、重大な肉体的処罰に値する。以上のべた理由ならびにその他の正しき理由に基づき、われわれはかかる汚染から神の教会を純化し、腐敗した肢体をそこから切って捨てることを欲し、わが市民との相談熟慮の結果、市政府に代って当法廷が正しき判決をなすよう神の御名に訴え、神と聖書の前に立ち、父と子と聖霊の御名を唱えつつ、ここに文書をもってわが最終判決を下すことにする。汝ミシェル＝セルヴェを断罪して、汝を鎖につなぎシャンペルの地に連行し、柱にしばりつけ、汝の手書きおよび出版したる本とともに、汝の体が灰になるまで生きながら焼くものとする。汝はかくのごとき事件を起さんと欲するものに見せしめを与えることによってその生涯を終わることになろう。
そして検事に対しては、この判決を執行するように命じる。
一五五三年一〇月二七日　ダーロー市長によって朗読される。

死刑の判決を耳にしたセルヴェトゥスは、しばし虚脱状態に陥り、部屋中に聞こえるような大きな溜め息をついた後、狂気のように叫び出し、母国語のスペイン語で「お慈悲を、お慈悲を」と叫んだとカルヴァンは記している。無理もないだろう。

セルヴェトゥスの最期

カルヴァンは火刑を斬首刑に変えるように請願を試みたが無益であった。処刑は即刻執行される。処刑場への同行を拒んだカルヴァンの代わりに、ヌシャテルからやって来たギヨム＝ファレルが処刑を見守ることになった。ファレルは道すがらセルヴェトゥスに向かって、その謬説を捨てて正道に立ち戻るようにと説得を試みた。セルヴェトゥスは「自分の過ちと無知と罪を許してくれと頼んだ。しかし決して充分な罪の告白をしなかった」。セルヴェトゥスはファレルらの祈りに加わり、自分のために祈ってくれと繰り返し懇請した。「しかしわれわれは、彼にその誤りを公然と認めさせ、キリストが神の永遠の子であるとを告白させることに成功しなかった」。神が永遠者であることについてはなにびとにも疑う余地はないのであるが、その子キリストが、果たして父なる神とまったく等しく永遠的であるかどうかが、まさに論争点であった。ファレルがセルヴェトゥスに告白させようとしたのは、永遠の神の永遠の子キリストであったが、セルヴェトゥスは「永遠なる子」という告白を口にすることを最期まで拒みとおした。

ある目撃者はその最後の様子を次のように伝えている。セルヴェトゥスは生木の束が積み重ねられた火刑台のもとに引き出され、頭には硫黄を振りかけたわらの冠がかぶせられた。からだは鉄の鎖で火刑柱に縛りつけられ、その脇の下には判決文のとおりに著書や手書き原稿がくくりつけられた。首には太い縄が四重、五重に巻きつけられたため、セルヴェトゥスはそれ以上締めつけないでくれと懇願しなければならなかった。刑吏が火のついた松明を彼の目の前に突きつけた時、セルヴェトゥスは思わず鋭い悲鳴を挙げたので、まわりの人々の心も恐怖心で凍り付くほどの思いであった。火の手が上がっても、セルヴェトゥスはしばらく息絶えなかったので、さらにまきが追加された。硫黄の煙にむせび苦悶しながら、セルヴェトゥスはこう叫んで息を引き取った、「おお、イエスよ、永遠の神の子よ、われを憐れみ給え（Jesus filz de Dieu eternel, aye pitie de moy）。」[7]

注

（1） 裁判記録の詳細は *Calvini Opera* VIII 七二六〜八七一。日本語訳は『原典宗教改革史』倉塚平訳、三九〇〜四一二頁。

（2）『原典宗教改革史』、四〇一～四〇三頁。
（3）同上　四〇五～四〇六頁。
（4）同上　四〇六頁。
（5）同上　四〇七～四〇八頁。
（6）同上　四〇八～四一一頁。
（7）Castellion, *De l' impunité des hérétiques* éd. M. Vaikhoff (Genève: Librairie Droz , 1971)　二八〇頁。

III　長く遠い道

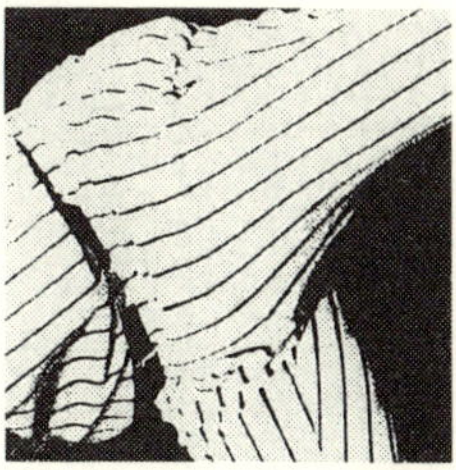

荒野に叫ぶ声

『異端は迫害さるべきか』

シャンペルの丘の火刑の灰がまだ冷め切らない翌一五五四年早々、一冊の八つ折り版の書物が現われた。編著者の名はマルティヌス＝ベリウス（Martinus Bellius）、出版場所はマグデブルク、題して『異端は迫害さるべきか』（De haereticis, an sint persequendi）とあった。[1] 編著者名が偽名であることは明らかであった。マルスはローマ神話では戦いの神であり、そこから出て、キリスト教の聖者列伝でも、聖マルティヌスは兵士の守護聖人とされてきた。のみならず、ベリウスもまたラテン語で戦争を意味するベルムから派生しており、同様に戦う人を意味した。要するに、妥協の余地とてない、断固たる宣戦布告の書であることは偽名からも明らかであった。この編著者名からして、やがてこの時代において、信教の自由を弁証する立場は「ベリウス主義」の名をもって呼ばれることになる。

多少の疑念を残しながらではあったが、同時代の人々も、この匿名の編著者が実はカステリョであり、出版場所はバーゼルであることを察知するに至る。今日では、残されているカステリョの自筆原稿から、カステリョが引用する他の著述家——ゲオルギウス＝クラインベルク（Kleinberg）

およびバジリウス＝モントフォルティウス（Montfortius）という正体不明の執筆者も含めて――すべても、カステリョ自身の文章であることが明白となった。

カステリョはこの編集をきわめて巧みな手法で仕上げた。すなわち、全体の序の形で、まずヴュルテンベルク大公クリストフ（一五六八没）に宛てた長文の献呈の辞を配する。ほかに、カステリョ自身が全文をフランス語に訳出した際には、ヘッセン方伯ヴィルヘルムへの献呈の辞も書き加えた。いずれも、カステリョの宗教寛容論の根本を明示する文章で、後に詳述するとおりである。以下、カステリョは宗教改革者ルター、ヴュルテンベルクの改革者ヨハン＝ブレンツ（一五七〇没）、人文主義者エラスムス、一六世紀の特異な思想家セバスチャン＝フランク（一五四二没）、ブランデンブルクの改革者ヨハン＝アグリコラ（一五六六没）、人文主義学者コンラート＝ペリカン（一五五六没）、ストラスブールの改革者カスパル＝ヘディオ、カルヴァン自身、イタリアの自由思想家セリオ＝クリオーネ（一五六九没）等々の同時代人、さらには新約聖書本文、またラクタンティウス（三二〇／三三〇没）やアウグスティヌス等のキリスト教古代の著述家などからも、信教の自由、宗教的寛容にかかわる文章を、時

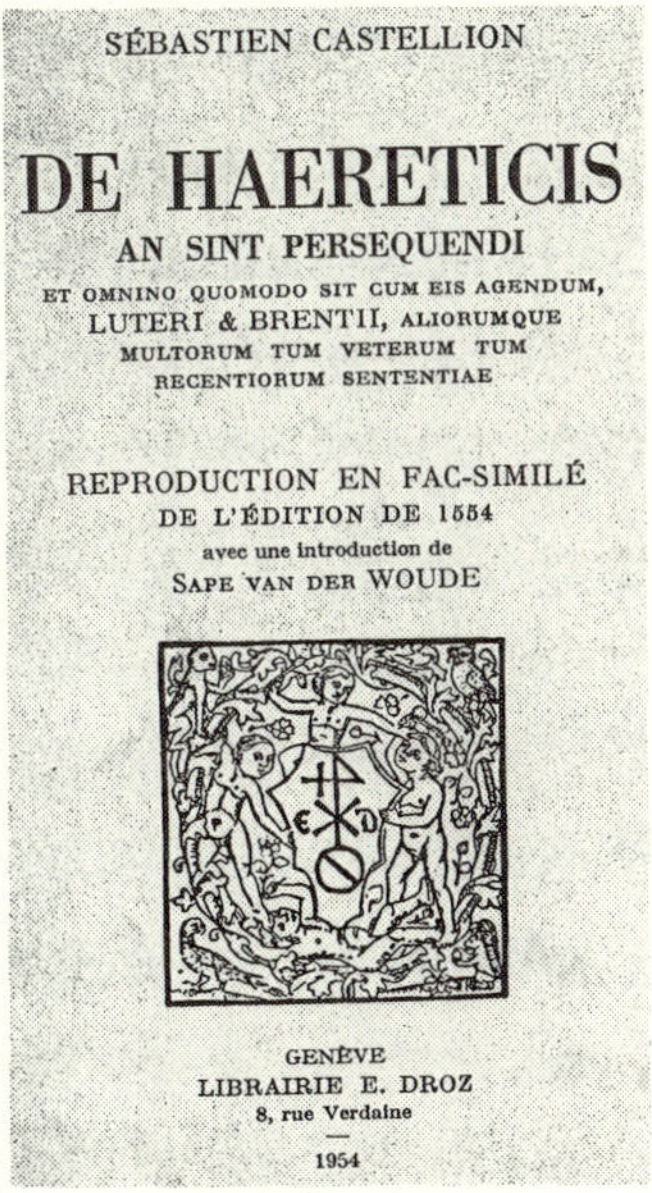
SÉBASTIEN CASTELLION

DE HAERETICIS

AN SINT PERSEQUENDI

ET OMNINO QUOMODO SIT CUM EIS AGENDUM, LUTERI & BRENTII, ALIORUMQUE MULTORUM TUM VETERUM TUM RECENTIORUM SENTENTIAE

REPRODUCTION EN FAC-SIMILÉ DE L'ÉDITION DE 1554 avec une introduction de SAPE VAN DER WOUDE

GENÈVE
LIBRAIRIE E. DROZ
8, rue Verdaine
—
1954

『異端は迫害さるべきか』扉

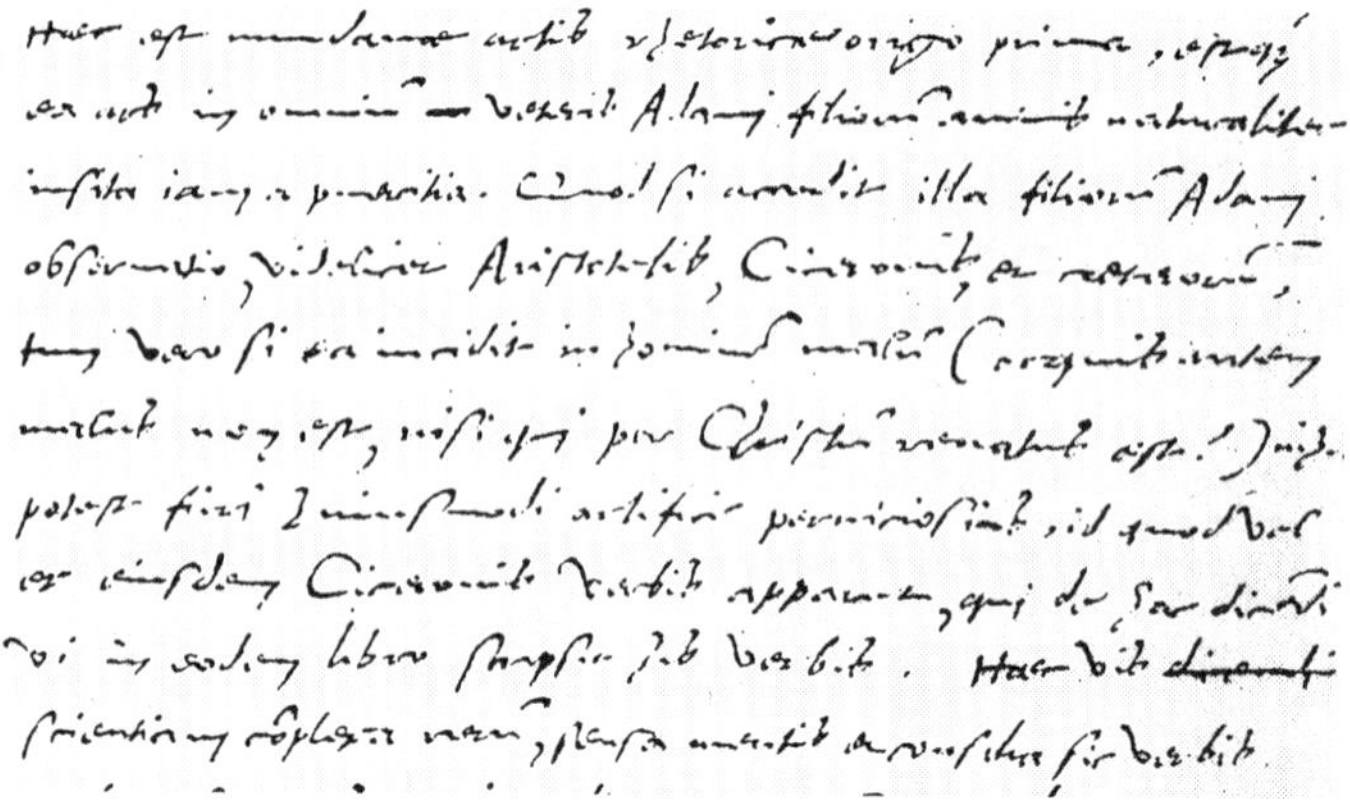

カステリョの筆跡

には全文引用に近く、あるいは部分抜粋の形で編集する。ルター、カルヴァンをはじめ、引挙されていることそのことに、はなはだしい困惑を禁じ得ない者も少なくなかったことであろう。本書『異端は迫害さるべきか』をきっかけとして、カステリョとカルヴァン自身、そしてそのジュネーヴの同労者テオドール＝ド＝ベーズ（一六〇五没）らとの間で交わされる一連の論争文書は、近代における思想・信条・信仰の自由の理念の生起と成長の偉大なる金字塔と呼ばれ得る。以下において詳述するとおりである。

「献呈の辞」

さて、本書の冒頭はヴュルテンベルク大公クリストフに宛てた献呈の辞であるが、そこにおいてカステリョは次のように説き始める。

いとも嚇々たる大公殿下、もしも殿下が家臣たちに向かって「いつかそのうちお前たちのところに帰って来るから、その時にはいつでも私の前に出られるように、白い衣をまとって身を整えておくように」と命じられたとします。それなのに、家臣たちは白い衣には少しも関心を示さず、ただ自分たちの間で、殿下がどのような方かについて論じ合ってばかりいるとすれば、殿下はどうなさるでありましょうか。(2)

ある者らは主人の行き先について、ある者らは主人の旅の方法について、あるいは供回りの数などについてのみ論議を重ねるだけで、肝腎の「白い衣」、すなわち正しく清廉な生き方には無関心だとすればどういうことになるだろうか、とカステリョは問う。しかも家臣たちがただ口頭で争うだけでは済ませずに、ついには「棍棒や剣を持ち出し、自分と考えの違う者を互いに傷つけ、殺し合うにまで至るとすれば、どうでしょうか」。

ある者は「ご主人は馬で来られるだろう」と言い、他の者は「いや馬車だ」と言います。「この嘘つきめ」、「お前こそ」と言って、一発お見舞いすれば、相手は「これでも喰らえ」と叫んで一突きします。果たして、殿下はこのような家臣を是認なさるでしょうか。(3)

しかも、家臣のうちのごく少数の者たちが主人の言い付けを守って、白い衣に身を整えようとするや、他の者たちがそろって彼らを苦しめ、挙げ句の果てにはこれを殺そうとするに及んでは、主人はこのような悪行を罰しないでおくだろうか。いわんや、このような悪行を主人の命令によるかのごとくに――実は主人はこれを厳しく禁じているのに――言い触らすとすれば、なおのこと厳罰に処せられるべきではないだろうか。

聖書、ことに福音書に親しんでいる者であれば、だれでもこの寓話が、マタイによる福音書二四、二五章などに残される、キリストの再臨とその裁き（いわゆる最後の審判）への信仰に言及したものであることに気付くはずである。

この世界の主なるキリストは、地上を去るに当たって、いつの日にか再びこの世に戻るであろうと人々に語られました。そして、再臨の日に備えて、白い衣を用意するように命じられました。すなわち、信仰深く、言い争うことなしに平和に生きること、互いに他者を愛するようにと命じられました。しかし、今日私たちはその務めを、どれほど忠実に果たしているか、どうかお考え下さいますように。(4)

再臨の時まで

現実には、今日のキリスト教世界は、「どうしたら生活を改めることができるかを論じ合うのではなく、キリストご自身の身分や職務について、またキリストは今どこにおられ、何をなし、どのようにして父なる神の右に座するのか、どのようにして父と一つであるのかをめぐって論争しております。同様に、三位一体、予定、自由意志、神、天使、この世の後の魂の状態、その他、この種の事柄をめぐって論じ合っております」(5)。これから私たちは幾度となく、この種のリスト、すなわち「信仰による救いを獲得するのに、どうしても知らなければならないわけではない事柄」の一覧表を目にすることになるだろう。それらはいくらかずつの違いを含みながらも、信仰と救いにとって本質・不可欠なことと、そうでないこととを峻別し、後者に関してはその許容幅を広げようとするカステリョの倦むことのない戦いの目標であった。

カステリョによれば、これらの事柄が信仰による救いに不可欠でない証左は、聖書の中に満ちている。「かの徴税人や罪人は、これらのことは何一つ知らなくても救われたのです」。そう言えば、礼拝のためにエルサルムの神殿にやって来たファリサイ派と徴税人のうちで、神の前に義とされて家に帰ったのは、聖書〔旧約聖書〕に通暁し、その戒命を欠けなく守ることを生き甲斐としたファリサイ派ではなくて、自他共に「罪人」として認められた徴税人であった〔ルカ一八・九~一四〕。なぜならば、徴税人は自らを罪ある者として告白する「清い心」を持っていたからである。「心の清い者はさいわいである」と「山上の説教」にもあるとおりである〔マタイ五・八〕。反復することになるが、人を義とし、救いに至らしめるのは清い心であって、上で挙げたような事柄についての知識ではない。それらの知識が「人間をより立派にするわけではない」(6)からである。

ところが人間の罪深さは、それ自体ですでに転倒している好奇心を、倨傲《きょごう》、つまり思い上がりへ、

火あぶりにされる人

さらには残忍さへと変える。「だれかが少しでも自分と違う考えを持っていようものならば、これに耐えられず、ついには他のすべてに断罪を下し、自分独りだけで支配しようとする」からである。そこから生じるのは放逐、鉄鎖、火あぶり、十字架刑など数限りないこととなる。もっと悪いことは、このようなことすべてをキリストの名のもとに覆い隠し、自分たちはキリストに従っていると公言してはばからない。その悪辣さは「サタンといえども、それ以上にはキリストの本性とその意思に背き、これ以上に嫌悪すべきことを考えつくことができないほどです」[7]。

中間時に生きる

以上のような発言の根底にあるのはどのような思想の系譜なのだろうか。まず言えることは、「中間時の論理と倫理」である。すなわち、私たちが現に生きているのがキリストの死と復活から、その再臨と最後の審判の間の時、「中間時」であるとすれば、その間は決定的・究極的な判断は留保すべきだという考え方にほかならない。もっとも、それだからと言って、いかなる論題についてもいっさい判断をしないというのではなく、実際に一定の判断は下すのであるが、その基準となるのは、だれの目にも明らかであるような生活そのもの、もっと明確に言えば、教えよりは生活、教理・教義よりは倫理という立場である。健全な教理は清簾な生活を生むはずであって、生活の清簾さからのみ、その根である教理の健全さが証明できるのである。

実は、このような方向は何もカステリョに起源を持つわけではなくて、すでに中世末期の「新しい敬虔」と呼ばれる運動の特徴的思考でもあった。その最も著しい例が、古今を通じてキリスト教の古典の一つとされる『キリストに倣いて』(『イミタチオ・クリスティ』)である。その著者は、従来トマス＝アケンピスとされてきたが、近年ではヘールト＝デ＝フロート(一三八四没)の影響を重視するのが一般的である。著者がだれであったにせよ、そこに一貫しているのは「行動が信条の試金石だ」という考え方である。たとえば、よく知られた第一章三において、著者は「三位一体論について高遠な議論」をするよりも、三位一体の神を賛美・礼拝し奉ることの方が、はるかに神を喜ばせると言う。いずれにしても、この最低限の判断を別として、それを越えた事柄については、差し当たって判断を保留し、キリストの再臨の日の最後で究極的判断まで待つという姿勢こそが、中間時の生き方としてふさわしい。

だから「私は父なる神、その御子イエス＝キリストを信じる。そして、聖書に記されている掟に従って生きよう」とさえ告白すれば十分なのであって、それを越えて、聖餐（ミサ）にあずかるに際して、パンと葡萄酒の両方を受けるか、あるいはパンのみを受けるかについては、最終的判断を保留して、各自の信仰的良心に委ねるべきである。同様に、洗礼を割礼に倣って新生児に授けるか、それとも自分の信仰の道理を弁えるようになるまで待つべきかどうか、性急な判断を下したり、いわんや成人洗礼に固執する者らを死をもって罰したりすべきではない。「キリストの生涯とその本性とを念頭に置くならば、そのようなことはあり得ないと私は考えます」[8]とカステリョは主張する。神は怒りよりは憐れみの神だからである。「神を信じ、その子イエス＝キリストを信じ、そして自分の良心に従ってこれに仕える」それだけが問われている。ここには、カステリョの寛容論のもう一本の柱である「信仰の基本あるいは根底」という考え方が表されている。しかし、この点についてはもっと後で詳しく触れることとしよう。要するに、寛容とは実は「キリストの寛容に従って歩む」ことにほかならないのである。すなわち、「キリストにならう」ことが寛容なのである。

非寛容の危険

この点で道を踏み外すと、いくつかの重大な危険ないしは過ちが起こる。第一に、「実は異端でも何でもない者を異端と判断する危険で、それは今日に至るまでも続いております」。後に述べるように、カステリョは異端概念の根本的な見直しを求めることになる。いずれにしても、キリストでさえ異端、反逆者のかどをもって処刑されたではないか。「本物の反逆者とキリスト者とを見分けるには、たいへんな慎重さが必要です。両者は同じように振る舞うので、もしも外見だけを問題にするならば、理解を持たない者たちによって、同じ罪名をかぶせられる結果となりましょう。事実、キリストは強盗どもと一緒に十字架につけられたのです(9)」。

第二の危険は、たとえ本当に異端思想・信条の持ち主としても、これを処罰するに当たって、キリスト教的戒規が要求する以上に厳しく処断する恐れである。

私がこの書物において、この主題をめぐって、これまで発言してきた多くの人々の意見を集めたのも、彼らの主張を注意深く考察し、これから先はあまり残酷な罰を課することのないように願ったからでした。

私はまず、比較的最近の人々の見解を集めました。彼ら自身が昔の人々の意見を引用しているので、そうなれば、同時に昔の人々と現代の人々の考えを知ることができるはずです。それにまた、現代の人々の方がもっと広汎に、もっと詳細に論議を展開しているので、より私たちの時代に適切であると考えたからです。

そもそも、昔の人々は主として異教徒に対抗して筆を執りました。彼らがキリストに従うかぎり、迫害を受けることこそあっても、迫害を加えるようなことは決してありませんでした。

しかし、やがて罪が増し加わるにつれて、また、異教徒がキリスト信徒を迫害することを止めると、今度はキリスト信徒がキリスト信徒に向かって手を挙げるようになりました。特に、ある人が真理に固執するのを目にする時はそうでした。仮に、その生活の上では何ら咎められるところがない場合でも、何か教理上の難問を探し出してきて、中傷を加えるのが常でした。[10]

実際、前述のように、中世の異端審問の記録などを読むと、宗教裁判所の審問官は無学な平信徒に向かって、「マリアをキリストの母として認めるかどうか」と尋ね、信徒が当然のように「然り」と答えるや、これに「異端」の烙印を押すのが常であった。本書の前章でも言及したような三位一体論あるいはキリスト両性論をめぐる論争の中で、聖母マリアを「神の母」ではなく、「キリストの母」と呼ぶ者は、キリストの神性の十全性を否認し、ひいては三位一体論を否定する者、つまりアリウス主義者、ネストリオス主義者とされたからである。しかし、神学の精妙さとは無縁の平信徒にとって、このような奇問、難問に正しく答えるすべのなかったことは言うまでもない。

ところで、カステリョが引用している現代の著作者の中には、後になって、あるいは他の個所で、別の考えを書いたり、または異なった行動を取るようなことがあるかも知れない。その場合でも、カステリョは最初の、つまり引用している見解を、著者たちの真意と見なし続けようと言う。

それは彼らが苦難の中にある時期に書かれたものであって、人間はそのような時に最も真実に近いことを書くものだからです。少なくとも、彼らが最初に書いたものの方が、キリストの慈しみ深さとより良く合致するからです。……人が初めて福音に接し、キリストを知るに至る時、宗教について正しい考えを持ち、また正しい判断を下すことが多いのです。彼らは貧しく、苦しんでいるからです。苦難と貧困こそはキリストの真理に最もふさわしいのです。しかし、やがて彼らが富み栄え、権力を握るに至ると、彼らでさえも堕落し始め、かつてはキリストを弁証した者たちも、今ではマルスの神を弁護し、真の敬虔を暴力沙汰に変えてしまいました。(11)

異端概念の再検討

続いてカステリョは、この編著をヴュルテンベルク大公クリストフに献呈することにした理由を、いくつか列挙する。第一には、大公が常々福音に好意を示し、苦難の真只中にあっても堅く立場を保っており、トリエントで開かれたカトリック教会の公会議にも、ドイツの諸侯の中でただ一人、自分の信仰告白を送付して信仰のあかしを立てたほどであること。第二には、有力領主としての大公が、その領地を正義と公平によって統治するだけでなく、近隣諸国、とくにフランス王を説得して、寛容を勧めるほどだからである。

それは分裂に苦しむキリスト教世界に、再び一致と安定とが取り戻されることを願ってである。最後の理由は、後に述べるように、大公に仕える神学者ヨハン＝ブレンツが、再洗礼派に対する寛容を説いた著述を公にするや否や、「迫害の残酷さはたちまちにして減じ、これまでのように多くの人々が迫害され、死に追いやられることがなくなりました。かくも堕落した時代にあってさえ、健全な判断力を持つ一人の人の力は、それほどに大きいのです」[12]。こうして君侯たちの目が開かれ、これ以上に人間の血を軽んじ、これほど気易く、しかも宗教上の理由から血を流すことはなくなるであろう。

こう述べてカステリョは、異端という概念そのものの再検討を試みる。もっとも、カステリョ自身は、「以下の文章において、異端とは何かについては論じようとは思わない」と断わる。もちろんのこと、異端とは何かを十分に認識することは枢要であろうが、本書で企てているのは、「異端をどのように扱うべきか」という問いに答えることなので、ただその限りで、異端とはどのようなことなのかを論じようとカステリョは言う。

私が繰り返し異端とは何かを考究した結果わかったのは、私たちが異端と見なすのは、私たちと意見を異にする者たちすべてであるということです。このことは、今日数え切れないほど多い分派のうちで、他を異端と見なさない者はほとんど全くないという事実からも明らかです。そこで、この町あるいは地域では、あなたはまことの信仰者として通るのに、隣りの町では異端と見なされる始末です。したがって、もしもだれかが今の時代を生き延びようと願うならば、町の数、分派の数ほども多くの信仰と宗教とを持たなければならないことになります。ちょうど、国から国へと旅をする者が、毎日通貨を両替しなければならないのと同じことです。ここでは通用するのに、他の土地では通用しないというようなことがないのは、ただ金貨だけです。それにどのような印刻が押されていようとも、金貨はどこでも通用するからです。それと同様に、私たちも宗教的な金貨を持ち歩きたいものです。印刻は異なっても、金貨はどこででも通用するのです。(13)

それでは、この普遍的通用性、あるいは「兌換性」を持つ信仰内容とはいかなるものなのだろうか。カステリョは答えて言う。「父なる全能の神、その御子、聖霊を信じること、聖書に含まれるまことの敬虔の戒めを是認すること、それこそは金よりももっと精練され、よしとされるところです」。それと比べれば、「聖餐や洗礼、その他の教理上の事柄において意見が分かれていることは、金貨にさまざまな印刻や図像が押されているのと同じことです。それだから、私たちは互いに他の者を忍び合い、他人の信仰を直ちに断罪することを慎もうではありませんか(14)」。

聖書の用語法

そもそも、キリスト教信仰と生活の究極的規範である聖書は、この問題についてどう語っているのだろうか。聖書の中では、「異端」という語はただの一度現れるだけである。使徒パウロが愛弟子テトスに宛てた手紙の三章〔九、一〇節〕において、「愚かな議論、系図の詮索、争い、律法についての論議」を無益でむなしいこととして退け、避けるように諭す個所で用いる hairetikon anthropon という言葉である。日本語では、これまでの口語訳が「異端者」と訳していたのに、新共同訳では「分裂を引き起こす人」と改訳されていることにも注目すべきであろう。いずれにしても、パウロはこのような者たちは「一、二度訓戒し、従わなければ、かかわりを持たないように」と命ずるだけで、その趣旨においてはマタイによる福音書一八章〔一五〜一七節〕と全く同一である。すなわち、マタイによる福音書では、もしもだれかが罪を犯したなら、行って二人だけのところで忠告し、なおも聞き入れなければ、ほかに一人か二人を証人として同行し、それでも依然として聞き入れない時は、教会に申し出、それさえも無益な時には、「その人を異邦人か徴税人と同様に見なしなさい」と言われている。

ここから明らかなのは、「異端とは何度か戒告を受けても聞き従わない頑迷な者にほかなりません」。キリスト自身がこのような頑迷な者、つまり「あなたがたを迎え入れもせず、あなたがたの言葉に耳を傾けようともしない者」に対しては、「足の埃を払い落としなさい」と命じるだけであって、これを肉体的に処罰・懲戒せよとはどこでも言われていないではないか[15]。

カステリョは、「異端」つまり「頑迷な者」にも二種類あると言う。一つは「行いにおいて頑迷あるいは固牢な者」で、例えば貪欲な者、言い争いの好きな者、遊蕩に耽る者、大酒飲みなどがそれである。このような者に対してはキリストも、「見よ、お前たちの家は見捨てられ荒れ果てる」（マタイ二三・三八）と言われる。それに加えて、第二の種類は「霊的事柄、あるいは教理の面において頑迷な者」であって、「異端」の呼称が、もともとこのような者たちに適用されることは言うまでもない。しかし、元来ギリシャ語の hairesis は、「分派」あるいは「特定の見解」という意味である。そこから、このような見解に固執する者らに「異端」の呼び名が用いられることになったのである。そう言ってカステリョは、旧約の預言者エレミヤと対立した偽預言者ハナンヤの例を挙げる。偽りの安心を民に告げるハナンヤに対して、エレミヤは主の言葉として年内の死を予告し、果たしてハナンヤは数ケ月後には死去するが、それは決して為政当局者の剣による死ではなかった。「この実例だけからでも、この種の異端者をどう扱うべきか私たちは容易に知ることができるのです[16]」。

自然法と神の法

ところで教理についての判断は、行為についての判断ほどには容易ではない。強盗や謀反についてならば、ユダヤ人であろうと、トルコ人であろうと、キリスト教徒であろうと、それが極刑をもって罰せられるべき悪であることについて、論争の余地は存しない。この種の悪についての知識は、「この世の始めからすべての人々の心の中に刻み付けられ、書き記されているからです」。使徒パウロが、「たとえ律法を持たない異邦人も、律法の命じるところを自然に行えば、律法を持たなくとも、自分自身が律法なのです」（ローマ二・一四）と記す時、このことを指し示している。

この背後にあるのが、ギリシャ、ローマの古典古代以来、連綿として続いている「自然法」の理念であることは言うまでもない。ここではこれ以上の詳細に立ち入る余裕は残されていないが、ストア学派によって確立された「万民法」の思想は、やがてローマ法として結実し、それを経て中世のキリスト教法思想にも、広範かつ深甚な影響を与えたことはもちろんである。ことにトマス＝アクィナスにあっては、自然法は実定法の批判原理であるだけでなく、自然における神の自己啓示として永遠的・普遍的妥当性を認められる。ここから、「恩寵は自然を廃することなく、かえってこれを完成する」というトマスの有名な命題も導き出されてくる。

前述のように、中世も末期に入ると、スコラ学はトマスの神学の流れを固守する「旧神学」（「古い道」via antiqua）と、自然と恩寵、理性と信仰、哲学と神学の連続性に対して批判的な「新神学」（「新しい道」via moderna）とに分裂を見るに至った。大まかな言い方として、前者は「あれも・これも」という綜合・統一の立場であり、後者は「あれか・これか」の選択・決断を迫る思考形式である。事実、中世末にはヨーロッパ各地の大学が営むスコラ学は、旧・新両学派のいずれかを選ぶ結果となり、したがって、そこで訓練される学生たちも、その若い日に受けた教育の型に応じて、連続的な思考か断絶的な思考かに分かれることになる。

極めて類型的に分けて記すならば、若いルターが学んだエアフルト大学は新神学に依っていたので、その「あれか・これか」の思考法は後のルターにまで影響し、「律法か福音か」、「行いか信仰か」、「外的か内的か」という二者択一の発想となったのに対し、旧神学を主流としたウィーン、バーゼル両大学で若い日を過ごしたツヴィングリは、終生「信仰と理性」、「教会と国家」、「宗教と政治」等、一見すると背反するかに思われる両項の調和・協合に力点を置く結果となった。カステリヨがバーゼルに在住し、その大学に在籍したことは前にも述べたとおりで、そこから自然と恩寵、自然法と神法の連続の理念へと傾いたことも推察にかたくない。

例えば、唯一の主なる神の存在については、多くの神々を信奉した古代の異教徒らを別とすれば、今日ではキリスト教徒もユダヤ人もトルコ人も等しく受け入れている。それを否認する者は「不信者、無神論者であって、万人の目に忌み嫌われて当然です。……ここまでは、三教徒とも信仰的に一致しております(17)」。しかし、それを越えてキリストをどう見るかとなると、三宗教の間には相違が生じる。それどころか、

キリスト教徒の間でさえも、キリストの教えをめぐって意見の一致が見られず、互いに断罪し合い、互いに他を異端と見なす始末です。今日、途方もない論争が起こっているのは、洗礼、主の聖餐、聖徒祈願、義認、自由意志、その他の曖昧な問題をめぐってですが、その結果、カ

トリック、ルター派、ツヴィングリ派、再洗礼派、修道士、その他の者たちが、互いに断罪し合い、トルコ人がキリスト教徒を迫害するにもまさった残酷さで互いに迫害を加えております。このような分裂が起こるのも、全く真理を知らないからにほかなりません。もしも、これらの事柄が、唯一の神の存在のように明白で自明的であるならば、すべての民族が神はただ一人であると告白すると同様に、すべてのキリスト者も互いに一致するはずです(18)。

実践的寛容の勧め

それだから、仮にある事柄について全く同意見であることは不可能としても、互いを愛によって忍び合うべきである。それなのに、「キリストの名を告白する者たちが、キリスト教徒自身によって、火や水や剣で攻め滅ぼされ、強盗や人殺しに対する以上の残忍さで扱われるのを目にするならば、キリスト教徒になろうと願う者が果たして現われるでしょうか」。それではまるで、キリストはモロクの神であるかのごとくではないか。「これまでも争いの尽きなかった論点について、権力の座にある者たちと考えが違うというだけの理由から、キリストがそう命じておられるかのように、ファラリスの牡牛で焼かれるよりももっと残酷に、生きながら焼き殺されるとすれば――しかも、火焰《かえん》の真只中から声高くキリストを呼び求め、キリストを信じると叫んでいるのに――キリストに仕えようなどと願う者が現われるはずがありましょうか(19)」。

ここで引かれているファラリスとは、青銅の牡牛像を鋳造させ、その中で反対者を焼き殺したと伝えられている紀元前六世紀のシチリアの僭主《せんしゅ》で、エラスムスも『格言集』で言及している。モロクが旧約聖書でも触れられているカナンの偶像で、幼児犠牲が捧げられたことは言うまでもない。最後にカステリョは、このクリストフ大公への献呈の辞を、次のような悲痛な祈りと訴えの言葉をもって閉じる。

この世の創造者また支配者なる神よ、あなたはこうした事柄を目にしておられるのでしょうか。それとも、あなたはすっかり本性を変えられ、かくも残忍になり、あなたご自身の本性に反する者となられたとでもいうのでしょうか。地上にあられた時、あなた〔キリスト〕はだれよりも柔和で、だれよりも寛慈に富み、だれよりも危害を耐え忍ばれました。毛を刈る者の前の羊のように口を開かれませんでした。鞭打たれ、唾され、嘲笑され、茨の冠をかぶせられ、盗賊どもと一緒に十字架にかけられながらも、あなたは悪をなす者たちのために祈られました。それなのに、あなたはすっかり変わられたのですか。御父の名によってお尋ね申し上げます。あなたは今や教えを理解しない者らを水で溺れさせ、内臓まで千切れるほどに鞭打ち、塩をまぶし、剣で四肢をばらばらにし、とろ火であぶり殺すなど、あらゆる方法で、しかもできるだけ長く苦しめることを命じられるのですか。ああ、キリストよ、あなたはこれらのことを命じられ、よしとされるのですか。このような人身犠牲を捧げる者らが、それでもなおあなたの代理人なのですか。彼らがあなたの名を使う時、あなたはそこにおられて、人の肉を食されるのですか[20]。

こうして献呈の辞は閉じられる。「それでは他の人々の意見にも耳を傾けることにしましょう。しかし、この人々がすでに、いったいだれが真の異端であるか十分に明らかであるかのように語っていることにお気付きになるはずです」。

君侯のつとめ

ところで、カステリョはラテン語版の出版から間を置かず、ただちにこれを自らフランス語に訳して刊行し、ヘッセン方伯ヴィルヘルムに献呈した。ヴィルヘルム伯自身がフランス語の読書を好むと聞いたからであるが、それを通して、そもそも君侯たる者はいかにあるべきかを学んで欲しい旨をカステリョは明らかにする。すでに述べたところと反復するかも知れないが、煩をいとわず記すならば、こうである。

心の中の罪、例えば不信、異端、嫉妬、憎悪等々のごときは、霊の剣、すなわち神の言葉によって罰せられるべきです。もしもだれかが、宗教の装いのもとに一国の平和を乱すような場合には、為政当局者は、宗教を理由としてではなく、他の犯罪者に対すると同様に、人身や財貨に対する侵害の罪の故にこれを懲罰すべきです。しかし、もしもだれかが教会の中で、生活あるいは教理の面で誤りを犯し、しかも訓戒を受け入れないような場合には、教会は霊的剣、すなわち破門を適用すべきです。さらに、破門を受けても彼らが誤りの中に留まり、公安を乱すに至るような場合には、キリスト教為政当局者は、それ以上異端や瀆神によって迷惑が及ばないように配慮すべきです。それらは端的に神の言葉に反するからです。この世界が創造されたこと、魂が不死であること、復活のあること、あるいは為政当局者の職務を否認すること——これらがそれに相当します。もしも彼らが君侯や為政当局者に従順を守らない場合には、処罰されてしかるべきですが、しかも死刑に処せられるべきではありません。とくに、すべての善の源である唯一なるまことの神を受け入れており、ただ聖書のある個所の解釈において頑迷であるような時には、そうであるべきです。善良な為政当局者は、彼らを罰金刑あるいは類似の刑に処するだけで足れりとすべきです。もしそれでも改めないならば、国土から放逐すべきです。それが最高刑です。もし国に立ち戻るような時には投獄しても良いでしょう。(21)

初代教会の時代に、皇帝たちや為政当局者が「異端」に対処した方策もそれに尽きる。したがって今日でも、為政当局者たる者は、アウグスティヌス、クリュソストムス（四〇七没）、ヒエローニュムス（四一九／四二〇没）その他が、聖書そのものに従うかぎりにおいて、これら教会教父に範を求めるべきである。

君侯が何よりも留意すべきことはこうである。すなわち、「一〇〇人、いや、たとえ一〇〇〇人の異端を見過ごしにすることがあっても、ただ一人の正しい人間を異端のかどで殺すようなことがあってはならないということがそれなのです」[22]。なぜならば、

信仰とか宗教の事柄は、儀式やどちらでも良いことにも、何か疑わしく曖昧な教理――主の聖餐においてキリストのからだと血を拝受する方法に関して、幼児もまた洗礼を受けているのだから彼らにも与えるべきか、それとも彼らが成長して道理を弁えるようになるまで待つべきか等々――にもその本質を有するのではありません。宗教の本質は人間の理解を超越しているので、聖書の中でも論議の余地がないほどに明白な論点はないのです。例えば、父と子と聖霊の三つの位格をどう理解するかですが、私たちとしては、三つの位格の中に一つの実体があると信ずればそれで十分なのであって、一つが他とどのように関わるのかなどと心を煩わせる必要はないのです。また、キリストのからだは天にあるのかどうか、神はある者を滅びへ、他の者を救いへと創造されたのかどうか、キリストはどのようにして陰府に下られたのか、などということに悩む必要はないのです。これらの点については、各自はそれぞれの考えと救い主の啓示とに任されてしかるべきです[23]。

こう述べてカステリョは「まことの宗教の根本教義」を次のように数え上げる。

宗教の根本教義

神がすべての善の源であること、人間は最初の人アダムの不従順によって罪に定められ、第二の人、すなわち救い主イエス＝キリストの従順によって救われること、そのためには神への畏れに動かされ、以前の邪悪な生き方を悔い、もはや二度とそれに戻ることはしないと決心しなければならないこと、堅い信仰をもってイエス＝キリストの死と復活とに自分自身を合わせること、がそれです。(24)

ここには用語の本来的な用法での「根本主義」がうかがわれる。すなわち、信仰の根本は少数の基本的条項の告白のみで十分なのであって、それ以外は各自の良心に委ねられるべきだとする立場である。それが、少し遡ればエラスムスその人であることは言うまでもない。

以下、カステリョは自説を支持すると思われる古今の教説を長短引挙する。そのすべてを紹介することは不可能かつ不必要であるが、カステリョの引用の正確さを例証するために二、三個所、カステリョによる引用と、それぞれの著者の原文ないし原意との対比を試みることにしよう。

注

（1）*De Haereticis, an sint persequendi et omnino quomodo sit cum eis agendum Luteri & Brentii, aliorumque multorum tum veterum tum recentiorum sententiae.*
　復刻版　ed. Sape van der Woude (Genève : Librairie E. Droz : 1954). カステリョ自身による仏訳は *Traité des Hérétiques, A savoir, si on les doit persécuter, et comment on se doit conduire avec eux selon l'avis, opinion, et sentence de plusieurs auteurs, tant anciens, que modernes* éd. A. Olivet(Genève: A Julien, 1913). 英訳は *Concerning Heretics, Whether they are to be persecuted and How they are to be treated, A Collection of the Opinions of Learned Men Both Ancient and Modern*, tr. Roland H. Bainton (New York: Columbia University Press, 1935, 1979) 日本語抄訳は前掲『宗教改革著作集』（出村彰訳）
（2）*De Haereticis*　三頁。
（3）同上。
（4）同上　四頁。
（5）同上　五頁。
（6）同上　五～六頁。
（7）同上　七頁。
（8）同上　九頁。
（9）同上　一三頁。
（10）同上　一三～一四頁。
（11）同上　一五～一六頁。
（12）同上　一七頁。

(13) 同上　一九〜二〇頁。
(14) 同上　二〇頁。
(15) 同上　二一頁。
(16) 同上　二二頁。
(17) 同上　二三頁。
(18) 同上　二四頁。
(19) 同上　二六〜二七頁。
(20) 同上　二七〜二八頁。
(21) *Traité des Hérétiques* 四〜五頁。
(22) 同上　七頁。
(23) 同上　八頁。
(24) 同上　八〜九頁。

カステリョとブレンツ

これまで見てきたように、カステリョの異端論は聖書を始め、古代教会の教父たち、同時代のいわゆる「官憲的宗教改革者」(あるいは「体制的宗教改革者」)たち、カステリョ自身の既刊の著作、さらに偽名によるカステリョの見解等々、内容も文体も多岐・多様にわたる。その引用の仕方とて必ずしも一貫したものではなく、時にはいささか恣意的な短い抜粋さえ含まれるのも事実である。それらの中で、カステリョ自身からの引用を別とすれば、唯一の例外として、ほとんど省略も要約もなしに、全文に近い形で引用されているのは、ヴュルテンベルクの宗教改革者ヨハン＝ブレンツの著述『世俗の権力は再洗礼派を火や剣で死刑に処する正当な権限を有するや否や』(一五二八年)である。(1) 幸い、現在刊行中の『ブレンツ著作集』にその批判校訂版が収載されているので、カステリョによる引用と対比することが可能となったが、カステリョの引用の仕方は極めて正確で、ドイツ語からラテン語あるいはフランス語への翻訳上の問題を別とすれば、校訂版との差異は数えるほどもない。

ヨハン＝ブレンツ

ブレンツ(一四九九〜一五七〇)は神聖ローマ帝国直属自由都市ヴァイルに生まれ、一五一四年

ブレンツ

からハイデルベルク大学に進んだが、一五一八年に同地のアウグスティヌス会修道院で開かれたルターとカトリックとの公開討論に列し、福音主義の主張に強い感銘を受け、ルター派に身を投じる決心を固めるに至ったという。大学卒業後、一五二二年九月からはシュヴェービシュ＝ハルの聖ミヒャエル教会の説教者となり、一五四八年の仮信条協定によって同地を追われるまで在職、広くシュヴァーベン地方の福音主義宗教改革に尽力する。この間、ルター派教会の代表的神学者として、ツヴィングリ陣営との間のマールブルク会談（一五二九年）や、アウクスブルク帝国会議（一五三〇年）にも加わった。一五三六年には、ヴュルテンベルク公ウルリヒ（一五五〇没）の招きによってその地の教会改革に参画、テュービンゲン大学の改革にも加わった。ハルを放逐されてからも、ウルリヒの後継者クリストフの庇護を受け、引き続き同地の教会制度の整備充実に力を尽くした。神学者としては基本的にルターの立場を取ったが、同時にルター派内部の論争を調停し、さらに広くプロテスタントの相互理解と協調にも努力を惜しまなかった。その膨大な説教や聖書註解は前記のように目下、批判校訂版として刊行中である。

宗教改革急進派

ここでは再洗礼派の成立の経過を詳述する余地はない(2)が、略記すれば以下のとおりである。

一五二〇年代初頭から、ツヴィングリを中心とするチューリヒ宗教改革が進展を見せるにつれて、ツヴィングリの信奉者の一部から、改革事業の現実が改革原理――「聖書のみ」「信仰のみ」の二大原理――に即応していないとの批判が起こり始めた。すなわち、「聖書のみ」を唱導しておきながら、聖書には明示されていない中世キリスト教世界の「慣行」の数々が、依然として残されているではないかという批判であった。福音主義の説教が導入されてからも、なおミサ聖祭が行われており、宗教と政治（教会と国家）の融合、結び付きも未だに断たれていないのでは、宗教改革は不十分・不徹底のそしりを免れないのではないのか、と彼らは問い掛けたのである。

このような不徹底さの最も具体的な表現を、これら急進派は幼児（嬰児）洗礼の存続に見た。生後間もない乳児に、主体的信仰告白を全く抜きにして洗礼を施しても、それは聖書――とくに新約聖書――が命ずる洗礼ではあり得ないというのが彼らの主張であった。もしもそれが救いへと至らせない、単なる「水注ぎ」であるとすれば、信仰の道理を理解できるようになった成人は、自覚的信仰告白に基づく洗礼を受けて後、初めて信仰共同体の一員として受け入れられるべきである。ツヴィングリのチューリヒ着任（一五一八年末）から五、六年ほど後に高まったこのような論議を実行に移し、最初の「信仰洗礼」（反対派から言わせれば「再洗礼」）が施されたのは、一五二五年一月のことであった。ルターの「九十五条提題」の掲示からは七年の歳月が過ぎていた。

福音主義宗教改革と時を同じくして起こったこのような急進的改革のプログラム全体を、近年では「根源的宗教改革」「徹底的宗教改革」（Radical Reformation）と呼ぶことが多い。[3]結局のところ、論争点は改革の原点あるいは根源的規範を何に求めるかである。福音主義宗教改革のように「聖書のみ」に固執しながらも、それをより徹底的に適用し、聖書に命じられていないことといっさいを廃絶すべしと主張するのが再洗礼派であった。その線を踏み越えて、書かれた聖書の文字ではなく、その真の著者である聖霊の自由な働きのみを唯一の判断基準とするなら、トーマス＝ミュンツァー（一五三五没）が代表するような「神霊主義」（Spiritualism）となるだろう。さらにそれを越えて、もっと普遍的な人間の理性のみを原理として、それに反するすべての思想や制度の改変を要求するとなれば、いわゆる合理主義（Rationalism）の立場となるだろう。一般に、セルヴェトゥスがその代表と見なされる。もっとも実際問題としては、これらの運動は複雑に絡み合い、また互いに影響し合いながら、一六世紀ヨーロッパの刷新運動の一部を形作ることになる。

ブレンツの寛容論

さて、本題に戻るならば、ブレンツは再洗礼派の主張はすべて誤りであると、まず自分の根本的立場を明らかにする。幼児洗礼の否認と成人洗礼の施行、財産共有制の実施、剣によって象徴されるような政治権力の否定ないしは積極的参加の拒否（「脱政治主義」）、誓言の禁止等々――これらの誤謬は、いずれも聖書を十分理解していないことから生じ、結果として新たな「修道士根性」、すなわち、善きわざによる救いへの願望を生み出すことに

再洗礼派の処刑

なり、福音主義の二大原理「聖書のみ」「信仰のみ」に背反することは言うまでもない。(4) しかし、ブレンツによれば、問題は、これらの誤謬に対する為政当局者の対処法が、「火か剣」による強権的禁圧策以外にはないのかどうかである。

一五二八年という本書の執筆時点で、すでにチューリヒなどスイス諸都市では、「再洗礼」の執行は死刑を含む厳罰の対象とされ、事実すでに幾度か極刑が執行されていたし、他方ドイツにおいては、一五二四、二五年の大農民戦争の残党狩りが厳しかったことを想起すべきである。翌一五二九年、シュパイアーで開かれたドイツ帝国会議は再洗礼派に対して、帝国追放令を発布することになる。このように広く流布した再洗礼派に対する猜疑心と憎悪の念を背景にして執筆されたものだけに、ブレンツの独自性は特別な注目に値すると言わなければならない。

ブレンツはここで二つの問題を指摘する。第一に、再洗礼派、あるいはもっと包括的に、異端は、為政当局者によって現在受けているような取り扱いをこうむるに足る理由があるのかどうか、第二には、現行の禁圧策に法的根拠を与えるとされるローマ帝国法の真意が、果たしてどこにあるのかという二つの問いである。ブレンツは、そもそも処罰に値するごとき罪科を大別して二種類とする。その第一は、霊的・精神的、あるいは宗教的な罪科で、他はそれに対して、肉体的・物体的、あるいは世俗的な罪科である。前者には不信、懐疑、小心、憎悪、嫉妬、貪欲などが数えられるが、これらはただ「神の前」(coram Deo) でのみ罪とされるだけであって、必ずしも公安・秩序を乱す犯罪とは考えられない。それに比し、後者には謀反、殺人、強盗、窃盗、姦淫等々、社会の治安を攪乱する犯罪が含まれる。(5)

そこで神は、これら根本的に相違する二種類の罪を罰するために、二種類の「剣」、すなわち内的・霊的な罪を罰するためには、教会の手に「霊の剣」、すなわち「神の言葉」を、他方、外的・世俗的な罪を罰するためには、為政当局者の手に「鋼鉄の剣」を備えることとした。「それ故に、それぞれの罪は、それを抑制し、阻止するために定められた方法によって罰せられるべきである」。その理由は、霊的罪科は「微妙」であり、対照的に、世俗の剣は「粗放かつ肉的」だからである。世俗の剣は霊的な罪科を強めることこそあっても、これを抑止するには役立たない。そこで、もしも世俗の「剣によって不信仰を抑圧し、異端を処罰するようなことがあるならば、何の益をも得られないばかりか、かえって大きな騒動と人殺しによって事態を悪化させる〔悪魔に手助けをすることになる（ドイツ文）〕ばかりである」[6]。事実、六年後の一五三四年、北ドイツのミュンスターで起こった再洗礼派の大乱は、ブレンツのこの懸念を実証する結果となる。

ブレンツによるならば、この世の剣は隠れた内なる罪を正す力を持たないばかりか、努めれば努めるほど、かえって見せかけの廉直さというもっと悪い罪を養うだけに終わる。不信に加えるに偽善の罪を招くからである。そこで、異端という内的な罪と戦う最善・最短の道は、ただ福音のみによって、また聖書のみによって戦うことである。もしも異端思想の持ち主が外面的には犯罪を犯すことなく、世俗の秩序を守って平和な生活を送っているならば、為政当局者が彼らに法的制裁を加える必要も論拠も全く存しない。彼らの魂の問題を福音そのものと、この世の後に続く神の審判に委ねるべきことは、福音書にある「毒麦のたとえ話」でも教えられているとおりである[7]。「もしもだれかが、不信心や異端のかどで、即刻死刑に処せられるようなことがあるならば、単に肉体の生命を奪われるだけでなく、魂までも失う危険にさらされる結果となる。時間さえかければ、真の信仰に立ち帰ることがないとは言えないからである。為政当局者の専横によって、悔い改めの機会が妨げられてはならない[8]」。

使徒パウロは「異端者〈分裂を引き起こす人〉には、一、二度訓戒し、従わなければ、かかわりを持たないように」（テトス三・一〇）と言うが、これを炎に投げ込めとか、剣に掛けよとはどこでも言っていない。このような者は破門に処し、教会から退け、異邦人や徴税人と同様に見なすだけで十分である。反対に、世俗の剣が定められた限界を越えて、「不信心や異端のような、もともと福音と神の言葉が矯正すべきものまでも正そうとするならば……平和と安寧というよりは、むしろ害悪と損失を生むことになるだろう。その結果として、剣そのものまでも重く、鈍くなってしまうだろう」(9)。

再洗礼派対処法

さらにもっと具体的に言うならば、再洗礼派の罪状とされる「洗礼の反復は、外面的あるいは世俗的な罪科ではなく、内面的で隠れた誤謬であって、他の犯罪が加わらないかぎり、ただ神の言葉のみによって罰せられるべきである。……要するに、不信仰や異端は世俗の剣にではなく、愛の剣に服せしめらるべきなのである」(10)。ブレンツの結論はこうである。「もしも異端を実力によって根絶し、力づくで除去しても良いとなれば、聖書を学ぶ意味はどこにあるだろうか。それでは、死刑執行人がすべての人間の中で最も博識なことになるだろう」(11)。宗教改革と信仰分裂の時代の初期にあって、まことに卓見と言わねばならない。

ところで、こう言うと――とブレンツは言葉を続ける――モーセの律法を引挙して、異なる神へと民を惑わす者は、死をもって罰せらるべきだと主張する者が現われるだろう。これに対してブレンツは、旧約と新約、律法と福音、ユダヤ教とキリスト教の間の断絶・不連続の意識をもって反論を試みる。ユダヤ教の時代の外形的・身体的・物質的祝福あるいは処罰は、キリスト教における内面的・霊的な祝福、またそこで開示される魂の救いの「しるし」また「予表」にほかならず、そこから、旧約の偽預言者に課せられる肉体的懲罰は、新約においては霊的な忌避・棄却の「象徴」であって、両者は厳密に区別されなければならない[12]。「それ故に、為政当局者にとって最も確実で有益なのは、彼らがその職務の範囲に留まり、霊的な罪科は霊的懲罰に委ねる道である。正しい信仰を一度でも迫害するくらいなら、偽りの信仰を四回、あるいは一〇回でも見過ごしにする方が、はるかに好ましい[13]」。

再洗礼派処遇策

それでは、再洗礼派に対しては、どのような対策が望ましいことになるだろうか。再洗礼派が異端とされる事由の一つは、彼らの主張する財産共有制（共財制）であるが、再洗礼派はこれを他人に無理強いしているわけではないし、これまでもいわゆる聖職者、ことに修道士や修道女は、財貨の共有を実践してきたではないか。彼らの場合には「清貧の道」としてほめそやされているのに、「貧しく哀れな再洗礼派は、全く同じ教えの故に、屠られ殺されるのは何故だろうか[14]」。彼らの過ちは、せいぜいのところ聖書の特定の個所（たとえば「使徒言行録」四・三二「信じた者の群れは、心を一つにし思いを一つにして、だれひとりその持ち物を自分のものだと主張する者がなく、いっさいの物を共有にしていた」）を誤解しているにすぎず、そのために極刑に処せられるほどのことではない。いずれにしても、それは為政当局者の関与すべき事柄ではない。

加えて、再洗礼派はその「脱政治主義」、すなわち政治的無関心と無責任のかどをもって非難を受けるが、それさえも、彼らよりも先に司祭や修道士たちもまた、「聖職者はだれかを裁き、刑罰を下し、血の判決〈死刑判決〉を言い渡してはならない」と教えてきたではないか。彼らは世俗の権力への服従の義務から自由とされており、剣を帯びることも禁止されている。「われわれとしても、霊的な当局者、すなわち司教、司祭あるいは説教者たる者は、その職責の故に剣を用いることはできないし、用いてもならないことを否定しない[15]」。そうであるからには、どうして再洗礼派だけが同様の主張を理由として、極刑に処せられて良いだろうか。

それでは、具体的な対処法はどうであろうか。「答えはこうである。つまり、聖職者たちに対するのと全く同様に再洗礼派を扱えば良いのである。もし彼らが市民としての服従を拒むならば、彼らから市民権〈市民的自由〉を剥奪して、単なる寄留者〈外国人〉と見なし、そのような取り扱いをするが良い。……この種の徒輩に対する最も重い刑罰はせいぜいのところ、いっさいの市民的交わりから彼らを締め出す程度に留めるべきである。何にせよ、それを越えることは専横かつ暴力沙汰となり、公正を欠く結果となる[16]」。

「再洗礼」の問題点

以下、続いてブレンツは、再洗礼派の最も重大な罪科とされる再度の洗礼執行を取り上げる。スイスにおいてもドイツにおいても、再洗礼を禁じ、それを行う者を弾圧する法的論拠とされたのはローマ帝国法（「市民法大典」）であったが、それを適用するに際しては、法制定の真意がどこにあったのかを、歴史的状況を視野に入れながら考慮しなければならない。洗礼を繰り返してはならないという禁令は、実は平信徒ではなく、聖職者のみを対象として定められており――もちろんのこと、平信徒は秘跡（礼典）を執行する権限を持たなかった――しかも、現行犯に対する処罰が考えられているだけで、本来は処罰というよりは、抑止・威嚇が意図されているにほかならない。換言すれば、この禁止令は「単に再洗礼だけを念頭に置いているのではなくて、たとえそこで明言はされていないとしても、その当時にあって再洗礼と結び付いていた何か他の外面的な犯罪と関係がある」ことを知らねばならない、とブレンツは言う[17]。

多少とも初代教会の歴史について知識を持つ者ならば、いわゆる再洗礼の禁止が、紀元四世紀のドナトゥス論争に遡ることを思い出すであろう。秘跡――もっと、具体的には司教任職の按手礼《あんしゅれい》――の効力が、秘跡執行者あるいは秘跡受領者の個人的資質に依拠するのかどうかというのが論点であった。カルタゴの新しい司教に任職の按手を施した三人の司教の一人が、直前に起こったローマ帝国の迫害に際して棄教した前歴があるという理由で、この新しい司教の任職を否認する一派が起こるが、その指導者がドナトゥス（三五五没）であったところから、論争全体がその名でもって記憶されることになる。ドナトゥス派によれば、背教という当時最悪と考えられた罪は秘跡の効力を無にする。そこから、救いへ至らせる秘跡の効能が、執行者の個人的資質（倫理・道徳面での廉直性にせよ、教義面での正統性にせよ）によって左右されると説く立場は、以後ドナトゥス主義と総称される。キリスト教の教理の歴史では「人効論」と呼ばれることもある立場である。

現実にはドナトゥス派は、ローマを頂点とするカトリック教会と対立する北アフリカの民族主義と結び付いた反ローマ運動であったところから、やがて帝国権力がカトリック教会の「客観主義」、すなわち「秘跡の効力は執行者あるいは受領者の個人的資質には依拠しない」という立場（事効論）を「正統」と定めると、ドナトゥス主義はすなわち反ローマ、反権力、反体制の別名となる。ところで、ドナトゥス派は転入を求める信徒に対して、かつてカトリック教会で受けた洗礼は無効であるとして独自の洗礼を施した。カトリック側から見れば「再洗礼」である。そこから「再洗礼」が帝国に対する反逆、反乱、謀反の象徴と受け取られるようになった。

いささか本筋から逸脱したかも知れないが、ブレンツがこのような教会史の知識を有していたことはもちろんである。ブレンツによれば、かの聖なる殉教者カルタゴの司教キュプリアーヌス（二五八没）もまた、異端の手から洗礼を受けた者は、正しい信仰者、すなわちカトリック信徒になるためには、洗礼を受け直さなければならないと規定したとすれば、歴史的な状況を抜きにして、再洗礼そのものだけを咎め立てるのは妥当でないことになる。[18] いずれにしても、現在行われているような再洗礼派に対する厳罰が、十分な法的根拠を欠くことは明らかである。むしろ「為政当局者は惨めな人々を絶え間ない搾取によって苦しめることなく、かえって孤児や寡婦を忠実に守り、職務の命ずるままに、人々を片寄り見ることなく裁きを下すべきである[19]」とブレンツは結論する。

「二王国説」の射程

ここまで、ブレンツの寛容論を、その再洗礼派論の叙述に従いながら略説を試みた。その理論的根拠ないし骨格をなすのが、内的と外的、霊的と肉的、不可視的と可視的、この世の支配とキリストの支配という二元構造にあることは明らかである。そして、そのもっと奥にあるのが、教理史の上で、「二王国説」または「二支配説」と呼ばれる考え方であることにも疑問はなかろう。本来ルターの社会教説の根本とされるこの思想であるが、ブレンツがそれをルターから、あるいはルターのみから学んだのかどうか、ここでは問題にすまい。いずれにしても、一五一八年のハイデルベルク討論以来、ルターから直接・間接にこうむった人格的・神学的影響の大きさについては疑うことができないであろう。ブレンツは終始一貫してルターの神学的引力圏に留まったのである[20]。

もっとも、ブレンツの批判校訂版の編集者であり、その神学思想の研究者のマルティン＝ブレヒトは、ルターに加えて、バーゼルの宗教改革者ヨハンネス＝エコランパーディウスがブレンツに及ぼした影響を強調する。エコランパーディウスについて、ここでは詳述の余地はないが、ブレンツのこの著述刊行の翌年（一五二九）に公布された「バーゼル宗教改革規定」、さらに翌年（一五三〇）秋の「バーゼル教会訓練規定」、それに先立つ演説「破門の訓練の回復に関する説話」などでは、たとえキリスト教都市国家といえども、その内部では宗教と政治、教権と俗権、破門と懲罰との明確な「区別」が不可欠であることが力説・強調されている。エコランパーディウスの最後の数年は、このような教会権の俗権に対する自律の原則を、スイス盟約共同体諸都市に広めることに費やされた。その点では、チューリヒの改革者ツヴィングリと大きな差異を認めざるを得ない。ただし、そのバーゼルにおいても再洗礼派は厳しい弾圧の対象であり、政・教両権力の「区別」から当然派生するはずの宗教的寛容が、そうあるべき程度には確立していなかったことも指摘しなければなるまい。終章でも垣間見るとおりである。

いずれにしても、エコランパーディウスは親友ツヴィングリの後を追うかのごとくに、一五三一年の晩秋には病気で急逝したので、差し当たってはその影響力は限られた範囲に留まったが、やがてストラスブールのブツァーを介し、カルヴァンにおいて永続性を持つ制度として開花する。しかし、これはまた別な物語の主題である。さらに付言するならば、このエコランパーディウスの自律的教会訓練への模索も、実は広い意味で、ルターの影響ないし衝撃のもとに形成されたのではないかという問いも根拠がないわけではない。少なくとも初期のルターは、強く各会衆の自治・自律を支持したからである。

もう一つの寛容論

『ブレンツ著作集』は、すでに略述した「世俗の権力は再洗礼派を……」に続く一連の文献をも収載している。[21]「世俗の権力は再洗礼派を……」の執筆から二年後の、一五三〇年早々、ニュルンベルクの市議会筆頭書記兼大参事会議員であった人文主義者ラーツァルス＝シュペングラーは、一通の手紙と意見書とを受け取った。執筆者の名前は未だに臆測の域を出ないが、「それらの中でまさに革命的な寛容論が展開されていた」。[22]そこでシュペングラーは、早速二通の手紙を書いた。一通はヴィッテンベルクの、同じ人文主義者であり、当時ルターの秘書の役目をも果たしていたファイト＝ディートリヒに、もう一通はほかならぬブレンツに宛てたものであった。手紙の中でシュペングラーは、この文章の内容の要旨を紹介し、合わせて上記の意見書と手紙のコピーをも同封した。言うまでもなく、ブレンツ自身の見解――寛容論に対して否定的な反論――を期待してのことであった。意見書と手紙の筆者がだれであったのかはわからないが、シュペングラーがあえて名を伏せたことからも察知できるように、市政の有力者の一人であった可能性が大きい。少なくとも、シュペングラーと同様に、聖書の知識にも精通した教養人であったことには疑いの余地がない。

意見を求められたブレンツは長文の返答をシュペングラーに宛てて書き送り、自分の立場を明らかにしようとした。それがシュペングラーの期待に添うものだったかどうかは、後に見るとおりである。このような論議は、カステリョの寛容論という本書の主題からは幾重にも逸脱しているように思えるかも知れないが、同じ一六世紀の寛容論であっても、その内側での微妙な異同を明らかにすることによって、カステリョその人の立場をなおいっそう明確にするためである。

「その他の点では申し分なく、私にとっては兄弟のような」この人物が書き送った寛容論は、シュペングラーにはまさしく「悪魔のしわざ」としか解しようがなかった(23)。それは「一言にして、神の言葉、正しく明白な宗教、キリスト教社会および世俗の権力の権威と剣を破滅に瀕せしめる」ものとしか映らなかったとしても不思議はない。思い余ったシュペングラーは、ルターとブレンツの判断と助言を求めることにしたのである。ブレンツがこの場合、果たして適当な相談相手だったのかどうか、ここでは何も言わないことにしよう。

内面と外面

ブレンツに宛てた手紙の中でシュペングラーは、この匿名の論客の所説を簡単に紹介するが、ここではむしろ、「世俗の当局者は信仰の事柄において剣を振るう権利を有するかどうか」と題された意見書の内容をごく簡潔に要約し、あわせてシュペングラーの求めに対するブレンツの返書の論旨をたどることにしたい。一五三〇年早々というこの時点で、宗教分裂はまだ十数年を経たにすぎないが、すでに始まった「信仰を理由とする虐殺や放逐は止まるところを知らない」と匿名の執筆者は語り始める。ルター派もツヴィングリ派も再洗礼派を容赦しようとはしないし、他方、教皇派は福音派、ルター派、ツヴィングリ派、再洗礼派、その他自分たちと信仰を同じくしない者たちを焼き殺し、絞め殺し、追いまくる。しかし、何にせよ、彼らはいかなる権利に基づいて他人の信仰を支配しようとするのだろうか。俗権当局者は言う、自分たちが現世の事物、身体または財貨について臣下の安全を保障する義務を負うとすれば、いっそうのこと、最高の財貨である信仰と霊的事柄において害毒と誘惑を防止する責務がある、と[24]。

なるほど、旧約の時代にはユダヤの支配者たちは偶像を除き、正しい神礼拝を保持する義務を負っていたかも知れない。しかし、新約の時代になって、旧約とユダヤの律法とは廃絶された。新約ではどこにも、俗権が信仰の事柄に配慮すべきことは命じられていない。むしろ、新約は霊の国（支配）と現世の国との二つを明確に区別する。前者はキリストの国であって、キリスト自身がその王であるのに比し、後者にあっては皇帝あるいは俗権が支配する。二つの国はその支配者が異なると同様に、それぞれの目標と目的を異にする。霊の国の権杖は神の言葉であり、その目標は人々を神へと回心させ、救いへと至らせることにあるが、現世の国の権杖は剣であり、その目指すところは剣によって外面的な平穏を保持することにある[25]。

二つの王国あるいは支配のこのような区別・弁別は新約聖書において自明的であり、たとえ正しい信仰と教説であろうと、俗権の力によってこれを宣べ伝え、偽りの信仰と教説を退けようとする者は、新約聖書全体を軽侮し嘲弄する結果になる。このような制約と限界に関しては、キリスト教徒であろうと、トルコ人であろうと、異教徒であろうと、あるいは教皇派であろうと、少しの違いもない。すると反論が生じるかも知れない、信仰の上での不一致を為政当局が許容するならば、至るところで反乱・騒擾が起こるだろう、と。しかし、反乱や騒擾が起こるのは、信仰の正しさや偽りとは関係がない。その主因は悪人の存在であって、悪人はキリスト教徒の間にも、非キリスト教徒の間にも、ひとしく見いだされるのである。したがって、世俗の権力に命じられているのは、外面的な騒動を罰することであって、それ以外には、どのような信仰を心の中で抱いていようとも、その裁きは神の言葉と聖霊に委ねるべきである。すなわち、反乱の可能性だけの理由で罰してはならない。自らをキリスト教的と称する俗権が、なぜ神を信頼しようとしないのだろうか[26]。

一つの地域に一つ以上の宗教あるいは信仰理解の並存を許すと、政治的不安と騒乱が起こるという懸念に対して、論者はボヘミアの実例を挙げて反論する。そこでは長い間、ユダヤ人を含めて、カトリック、一致兄弟団（フス派）と三種類の信仰が平穏に共存できたのに、国王が外面的な平和を保持するだけで満足せず、どれかを剣の力で抑圧しようとした時、かえって騒乱が起こったのである。それは最近のドイツにおける農民の大反乱を見てもわかるところで、「反乱の大部分は統治者が福音を許容しようとしなかったことから起こった[27]」。もしも、世俗の権力が剣によって偽りの信仰を駆除するようなことが許されるならば、いずれは最も強力な現世の権力が、他の権力に信仰の事柄までも教えるようになるだろう。そうなれば、いっそうの流血は避けがたく、それこそはまさしく悪魔が熱心に願い求め、推進してきたことにほかならない。

この匿名の著者は、このような趣旨の意見書に添えて、一通の手紙をシュペングラーに宛てて送った。そこには彼自身の立場を次のように要約している。すなわち、自分が言おうとしているのは、為政当局者がキリスト教〔官憲的宗教改革〕である場合には、その支配する地域の信仰に関して巡察を行い、教役者あるいは説教者を任免し、礼拝様式を定め、あるいは廃止する権利を持つと同様に、ユダヤ教徒も、再洗礼派あるいは他の分派も、自分たちが正しいと考える信仰に固執し、説教者や教役者を任免する権限を持つはずだということである。その地域の宗教がユダヤ教であれ、キリスト教であれ、あるいは再洗礼派であれ、世俗の権力の職務はただ、暴力と騒擾を排除し、ある宗派が他を強いて会堂または礼拝堂に行かせたり、礼拝儀式に参加することを強要したり、あるいは教義や祭礼を妨害したりすることのないよう配慮し、万一そのような場合にはこれを許容することなしに処罰し、平和を創出することにある(28)。

ブレンツの反論

このように、以上の論議はこの時代にあっては極めて独自なものであった。それは諸宗派、あるいは、もっと踏み込んで、諸宗教の間の完全な対等性を認める立場であり、単なる相互の忍耐や許容の呼び掛けに留まらないことがわかる。さらに注目すべきことには、世俗の権力に課せられる制約、あるいは信仰の事柄の不可侵性は、ただに内面的な心の領域に留められず、そのような内面性の具体的な発現形態である礼拝や儀式にまでも押し広げられている。この点はどれほど強調してもしすぎることはないだろう。それだけに、この意見書に対するブレンツの態度決定も、まさしくこの点に向けられることになる。

ブレンツはまず、次の三つの論題が正鵠《せいこく》を射ていることを進んで承認する。すなわち、新約聖書が地上には二つの国（霊的王国と現世の王国）の存在を認めていること、第二に、それぞれの国が別個の支配者・権杖・目標を持つこと、最後に、現世の権力には正しい信仰を力で保護し、反対に不信仰を力づくで排除し、処罰する権能を持たないということ、この三つである。その点ではブレンツは意見書の執筆者と全く同意見である。(29)

しかし、とブレンツは文章を続ける、正しい信仰と不信仰、正しい信仰が生み出す外的なわざと行為と不信仰のそれとの間に、何の差異も存しないというのは本当だろうか。ブレンツによるならば、正しい信仰と正しくない信仰、またそれぞれから生ずる外的な行動との間には「顕著な相違」が存在する。確かに、信仰の事柄、あるいはその外面的表出である信仰告白は、各自の良心または心情に関わることであって、現世の権力がこれを支持したり抑制したりすることは誤りである。しかし、それを越えて、「公然とであろうと、ひそかにであろうと、徒党を組み、新たな教役者を立てる」となると、それは別問題となる。偽りの信仰あるいは邪曲な個人的告白と、教師職あるいは説教職とが区別されるべきことは、旧約からも新約からも立証できるからである。「各自がその欲するままに何を信じ、告白するかは、もちろんのこと世俗の為政当局者の関心事ではないが、徒党を組み、当局に逆らって新たな説教者を立てるとなると、それは為政者と関わりを持つ[30]。

あるいはこう反論されるかも知れない、使徒たちは「人に従うよりは神に従うべきだ」と言ってローマの官憲に逆らったし、福音主義の説教者たちも、当初はカトリック当局に背反して宣教を開始したのではなかったか、と。ブレンツは答える、ちょうど世俗の官吏が世俗の職務に任ぜられるのと同様に、彼らは為政当局者によって正当に招聘され、任職されたのである。「私が語っているのは教説ではなく、公的な職務および公然とした、あるいは隠れた陰謀についてなのである[31]」。

意見書は、ある地域に複数の宗派あるいは宗教が共存する可能性を説く。しかし、新しい分派あるいは教役者が入り込むとなれば別な問題となる。なるほど、古代の皇帝たちがカトリックと並んで「異端」を許容した事実もなくはないが、キリスト教の皇帝たちは「異端の教会」を忍容しなかったはずである。あるいは、新約聖書の有名な譬《たと》えを基にして、刈り入れの時まで毒麦も良い麦と一緒に放置すべきだと主張されるかも知れない。しかし、キリストがそう命じられたのは弟子たち、使徒たちに対してであって、強盗・殺人・瀆神・姦淫のごとき「毒麦」が、聖・俗の両権によって、できるかぎり制せらるべきことは自明の理である[32]。

以上、いくらか長くなりすぎたかも知れないが、ニュルンベルクの意見書に対するブレンツの反論の骨子を見ようとした。一読して明らかなように、ブレンツが依拠しているのは内的・外的、不可視的と可視的、霊的と身体的なものの峻別というルターの原理にほかならない。もちろん、意見書もまた同一の原理に依って立っているのであるが、前述のように、後者にあってはその範囲がはるかに拡張され、単に人間の目には見えない内面的な信ずる思いだけではなく、その表出である信仰告白文、礼拝のための集会場やその様式、教職者の任免等々、はるかに広い領域が含まれていた。そして、それは領邦国家制に立つ宗教改革者としてのブレンツには到底許容しがたいものであった。ブレンツはあくまでもルターの引力圏で動いていたからである。次に私たちはルター自身に聞くことにしよう。

ルター『この世の権威について』　カステリョが長文の引用を試みるのは、ルターの問題作『この世の権威について、人はどの程度までこれに対し服従の義務があるか』（一五二三年）である。前にも触れたドイツ大農民戦争勃発の前年、ルター自身の領主であるザクセン侯フリードリヒ（一五二五没）の弟で、翌々年には兄の後を継いでザクセン選帝侯となるヨハン堅忍侯（一五三二没）に献呈されている。カステリョが引用を始めるのは第二部「この世の権威はどこまで及ぶか」の冒頭の部分からであるが、その引用は極めてドイツ語原文に忠実で、カステリョ自身のドイツ語理解力をも暗示するに足ると言えよう。

もともとルターのこの論著の真意は、一方では教権と俗権を、どちらの優位にせよ混同し、融合してしまう誤りを正し、両者が峻別されなければならないことを主張し、他方ではいわゆる熱狂主義者の一元論に基づく誤り、すなわち剣あるいは俗権の否認に対して、この世における奉仕としての俗権が、堕罪後のこの世にあって、秩序維持のための神の恵みのわざであることを確立しようとするにある。以下においては、原則的に『ルター著作集』の徳善義和訳に従うことにする。

ルターは言う、「ここで私たちはアダムの子ら、すなわちすべての人間を二つの部分に分かたねばならない。第一は神の国に属する者、第二はこの世の国に属する者である。神の国に属する者はキリストのうちにあり、キリストのもとにある真の信仰者すべてである」。前者は「この世の剣も法も必要としない。そして全世界が真のキリスト者、(すなわち) 真の信仰者であるなら、君侯も王も剣も法も不必要だし、無用であろう。……正しい者は自分から、すべての法が要求するすべてのことや、それ以上のことを行うからである。……それゆえ、この二つの統治を熱心に区別して、両者とも存続させせなければならない。一つは義たらしめるものであり、一つは外的に平和をつくりだし、悪事を阻止するものであって、この世ではどちらを欠いても十分ではないのである」[33]。そうであるからには、「剣と権力とは、特別の神奉仕として、地上にあるほかのすべての人にまさって、キリスト者にこそふさわしいものであるからである。それゆえ、神が定めたもうた結婚や農業やそのほかの手わざと同様に、剣も権力も尊重するべきである」[34]。

このような第一部の前提に立ってルター (カステリョの引用も) は第二部を始める。

この世の権威が地上に存在しなくてはならないこと、人がいかにそれをキリスト教的に、また、救いのために用いるべきであるかを学んだのちに、今や私たちは、この世の権威の手が伸びすぎて、神の国と神の統治とを侵すことのないよう、この世の権威の腕はいかほど長く、その手はいかほど広く及んでいるかを学ばねばならない。これを知るのは非常に必要なことである。なぜなら、人々がこの世の権威にあまり広い領域を与えると、耐えがたい恐るべき害がそこから生じるし、これをあまり狭く制しすぎると、これまた害なしではいないからであり、後者の場合には罰することが少なすぎ、前者の場合には罰することが多すぎることになるからである。もっとも、後者の場合で罪を犯し、罰することが少なすぎるというほうが耐えやすい〔罰することが少なすぎる過ちのほうがましである――カステリョ〕。なぜなら、義人を殺すよりも、悪党を生かしておくほうが、常により良いことだからである。いずれにせよ、この世には悪党はいるものだが、義人は少ないからである[35]。

さて、アダムの子らすべてが、神の国かこの世の国のいずれかに属することは前述のとおりであるが、それぞれは、

二つの種類の《別々の》律法を持っていることに留意すべきである。すなわち、それぞれの

国がそれぞれの律法と法をもっており、日々の経験が十分に示すとおり、律法なしにはいかなる国もいかなる統治も成り立つことができないのである。この世の統治はからだと財及び地上にある外的なことをこえては及ばない律法を持っている。なぜなら魂にたいして、神はご自身以外にだれも統治させたもうことはできないし、また、それを欲しもなさらないからである。それゆえこの世の権力が誤って、魂に律法を与えようとするなら、それは神の統治を侵し、魂を誤り導き、破滅させるだけである。私たちはこのことを十分明らかにして、人々がこれを把握し、私たちの領主、諸侯、司教たちが、人々を法律や命令をもって、あれを信ぜよ、これを信ぜよと強制しようとするなら、なんと愚かであるかを知ることにしよう(36)。

そのようなわけで、

　だれでも自分がどのように信じているかについては自分で責任をとるのであり、自分が正しく信じていることを自分で見なければならないのである。なぜなら、私に代わって他人が地獄や天に行くことができないのと同じく、他人が私に代わって信じたり、信じなかったりもできない。また、私のために天や地獄を開いたり、閉じたりできないと同じく、私を信仰や不信仰にかりたてることもできない。信じたり信じなかったりということは、各人の良心にかかることであり、そのことによってこの世の権力に損害は生じないのだから、権力も満足して、自分の事がらに務め、人々がなしうるし、欲するままにあれこれと信じさせ、だれも権力をもって強迫してはならない。なぜなら、信仰は自由のわざだからであり、それにはだれをも強制することはできないからである。(37)

もっとも、次のような反論がなされるかも知れない。

「この世の権力は信仰へと強制するわけではない。誤った教えをもって人々を迷わせる人がいないように、外的に防いでいるだけである。そうでなければ、異端者をどうして防ぐことができようか」とあなたはまた言う。答え。司教がそれをすべきである。このような務めを命じられているのは彼らであって、君侯ではない。なぜなら、異端は決して力をもってしては防ぐことができないからである。それには別のてだてが必要である、ここでは剣をもってするのとは違った戦いとやり取りがいるのである。ここでは神の言が戦うべきである。それがことを果たしえないとでもいうのなら、たとえこの世を火〔血〕で満たしたとしても、この世の権力には事を果たすことなどないであろう。異端は霊的な事がらである。これは、鉄で打ち火で燃やし、水でおぼれさせることのできないものである。だが、それをなすのは、神の言のみである。(38)

以上はルターの有名な『俗権論』第二部からの引用であるが、僅かの相違を別とすればカステリョの引用はきわめて忠実なルターの再現である。ごく例外的に、ルターが二つの王国とその法の支配圏を区別するために、ライプツィヒの人々がヴィッテンベルクに、あるいはその逆に、命令を課そうとする愚かさをたとえとして用いる個所で、この二つの地名をジュネーヴとヴェネツィアと言い換えている程度である。いずれにしても、カステリョに言わせるならば、初期のルターが宗教的寛容と良心の自由を主張したことは上掲の引用からも十分に明らかである。

私たちの次の節の課題は、この節で見たようなルター＝ブレンツ型、およびニュルンベルク意見書の型の二つの「寛容論」を踏まえながら、カステリョの寛容論を、その論拠、立論の仕方、さらにはその射程を含めて、もう一度検証することにある。

注

（1）Hrsg. Martin Brecht (Tübingen : J. C. B. Mohr, 1974). 四七二〜四九八頁。

（2）出村彰『再洗礼派』（日本基督教団出版局、一九七〇）、倉塚平『異端と殉教』（筑摩書房、一九七二）、倉塚平他編訳『宗教改革急進派』（ヨルダン社、一九七二）等参照。

（3）George H. Williams, *Radical Reformation* (Philadelphia : The Westminster Press, 1961) .

（4）*De haereticis* 四六（*Frühschriften* 四八〇）頁。
（5）*De haereticis* 四七（*Frühschriften* 四八一）頁。
（6）*De haereticis* 四八（*Frühschriften* 四八一）頁。
（7）同上。
（8）*De haereticis* 五〇～五一（*Frühschriften* 四八二～四八三）頁。
（9）*De haereticis* 五二（*Frühschriften* 四八四）頁。
（10）*De haereticis* 五三～五四（*Frühschriften* 四八四）頁。
（11）*De haereticis* 五四（*Frühschriften* 四八五）頁。
（12）*De haereticis* 五五（*Frühschriften* 四八六～四八七）頁。
（13）*De haereticis* 五八（*Frühschriften* 四八七～四八八）頁。
（14）*De haereticis* 五八～五九（*Frühschriften* 四八八～四八九）頁。
（15）*De haereticis* 六五（*Frühschriften* 四九一）頁。
（16）同上（*Frühschriften* 四九二）頁。
（17）*De haereticis* 七一（*Frühschriften* 四九四）頁。
（18）*De haereticis* 七〇（*Frühschriften* 四九四）頁。
（19）*De haereticis* 七三（*Frühschriften* 四九七）頁。
（20）*Evangelische Kirchen Lexikon I, 572*
（21）*Frühschriften*　五〇六～五四一頁。
（22）田中真造「宗教改革期のある寛容論」（『ヨーロッパ的人間』、勁草書房、一九八五）、九八頁。
（23）*Frühschriften*　五一三頁。

(24) *Ob ein weltlich Oberkait recht habe, in des glaubens sachen mit dem Schwert zu handeln* 五一七頁。
(25) 同上　五一八頁。
(26) 同上　五二一～五二三頁。
(27) 同上　五二六頁。
(28) 同上　五二七頁。
(29) *Antwort auff die verzeichen. so auf diese frag gestellt ist*　五二八頁。
(30) 同上　五三〇～五三二頁。
(31) 同上　五三三頁。
(32) 同上　五三六～五三七頁。
(33) 徳善義和訳『ルター著作集』第一集五巻（聖文社、一九六七）、一四六頁～一五〇頁。
(34) 同上　一六〇頁。
(35) 同上　一六六頁。
(36) 同上　一六七頁。
(37) 同上　一七〇頁。
(38) 同上　一七七頁。

寛容論の内実と根拠

これまでのところで、主として『異端論』、ことにその献呈の辞をよりどころとしながら、カステリョの寛容論を瞥見しようと試みた。以下においては、いささかの繰り返しを承知の上で、カステリョの寛容論の構造、あるいは骨格とでも呼ぶべきものをたどることにしよう。

「中間時の倫理」

第一に挙げなければならないのは、カステリョの「中間時の倫理」である。すでに述べたように、カステリョによれば、私たちの生きているのが、キリストの死と復活、そして終末の時の再臨と審判との「間の時」(interim) であるからには、その間は決定的・究極的判断は留保すべきである。神学者たちは、それを「インテリムの倫理」(暫定性の倫理) と呼びならわしてきた。その根底にあるのは、「どのようにすればキリストのもとに至り得るかについて、すなわち、どのようにしたら生活を改めることができるかを論じ合う」方が、「キリストの身分や職務について、またキリストは今どこにおられ、何をなし、どのようにして父なる神の右に座しておられるのか、どのようにして父なる神と一つであるのかをめぐって論争する」よりも、いっそう重要、かつキリスト教的であるという判断である。そのような思惟の源泉は、歴史的には中世後期の「新しい敬虔」にまで遡り、もっと近くはエラスムスに求められる。(1)

もっとも、それは決して判断停止、判断そのものの放棄を意味しない。確かに、判断はするのであるが、しかもこの中間時における判断の相対性を自分でも厳しく見据えよ、と言うのである。カステリョは続ける。「われわれが神を信じ、その御子イエス＝キリストを信じ、自分の良心に従ってこれに仕えるとしても、ある事柄においては無知の故に誤りに陥ることもあるし、あるいは誤っているように見えることもあるだろう」。(2)このようなカステリョの立場を現代風に言い直せば、語の正しい意味での「自己相対化路線」と呼び得るかも知れない。もう一度強調しなければならないが、カステリョはすべてが相対的なのだから、すべての判断も相対的であるとは言っていない。すべてを相対的だと断定する時、そこには一種の絶対化・一般化が起こっているからである。そうではなくて、終わりの時の完成を待つ信仰、使徒パウロの言葉で表現すれば、「今は、鏡におぼろに映ったものを見ている。だがそのときには、顔と顔とを合わせて見ることになる。わたしは、今は一部しか知らなくとも、そのときには、はっきり知られているようにはっきり知ることになる」(コリント一の一三・一二)という信仰の告白にほかならない。

当然かも知れないが、このようなカステリョの判断保留の姿勢は、カルヴァンの同僚で、やがてその後継者となるテオドール＝ド＝ベーズの強い反発を呼び起こした。ベーズはカステリョを「新懐疑派」(nouveaux académiques アカデミコス再来) と批判した。アカデミコスとは古典ローマの哲学の流れで、すべての知識は不確実だから、いっさいの認識は不可能であると主張したと伝えられる。ベーズはカステリョの著に対する反論を、『異端は俗権によって罰せらるべきこと、マルティヌス＝ベリウスと新懐疑派のごたまぜ粥に反駁する書』と題して公にした。後に見るとおりである。

認識の三根拠

このようにカステリョの自己相対化路線は、一方では聖書に基づいていたが、他方では彼の認識論そのものに深く根ざしていた。カステリョの著述の一つで、生前ついに公刊されることのなかった『疑いについて』(直訳すれば『疑うすべと信じるすべ。無知と知の方法について』) という大著がある。(3) ラテン語原文とフランス語訳とが揃って印刷に付されたのが、実に執筆から四〇〇年後の一九五三年であることも印象深い。カステリョはこのような題名を付した理由を述べて、「すべての探求者に対して、疑って良いこと、信じなければならないこと、無知を許されること、そして知ることが義務付けられる事柄」(4) を弁別しようとしたからであると説明する。それはある意味で、カステリョの神学方法論でもあり、あるいはもっと広く認識論とも呼ぶことができる。

カステリョによるならば、そもそも人間の知識あるいは認識一般の源泉は、大別して三つ数えられる。第一は「すべての人間の目に明白であり、聖書を知らない者でも、これを拒否することも、否認することもできないような確かさ」を持つ「経験」がそれである。(5)その意味では、カステリョの認識論を本質的には「経験論」と見なし、彼のうちにジョン＝ロックの先駆者を認めようとするベイントンの見解は当たっているかも知れない。

ところで、認識の第二の源泉は「啓示」である。「私は啓示を、この人間の証言〔経験を指す〕と対比〔対立〕させようと試みる」。(6)とカステリョは言う。元来、キリスト教信仰の内実について論ずることに意味があるのは、キリスト教〔啓示〕と人間の経験とのこのような対立あるいは折衝があって後、「しかも、その後だけ」のことである。しかも、もっと根元的には、この対立ないし折衝を可能にし、意味あるものとするのは、認識一般の第三の源泉としての理性があるからにほかならない。

カステリョは理性を「神の娘」とまで呼ぶ。次のようなカステリョの文章は、ほとんど理性への賛歌・頌栄とさえ言えないだろうか。彼はこう記す。

理性は神ご自身と同様に絶えることがない。それは永遠の言葉の本質的な一部である。聖書とその祭儀に先立って、その啓示はもっと確実である。神が過去において人類を教えられたのは理性によってであったし、……将来において、人類を至高の認識へと導かれるのも理性によってである。……イエスの同時代人が書物や祭儀を理性よりも上位に置いた時、イエスにその批判を可能としたのは理性であった。イエスが安息日は人間のためであって、人間が安息日のためにあるのではない、と主張したのも理性によってであった。イエスがサマリアの女に向かって「霊と真理において礼拝するだろう」と言われた時、それは理性を指している。この語句は聖書の〔他の〕どこにも見いだされない。このことを断言するのは、ただ理性のみである。(7)

寛容論の三つの可能性

それでは、経験・啓示・理性という三つの認識の源泉あるいは土台石の上に、どのような寛容論が樹立可能であろうか。先にカステリョの寛容論の支柱を、中間時における暫定性の自覚に基づく実践的・倫理的傾向、本質・不可欠なものとそうでないものとの弁別、すべての判断の相対化などと数え上げてみた。これらを、すぐ前で述べた三つの認識の源泉と厳密に対応させることは困難としても、非常に広い意味で、三つの土台石の上に立つ三本の支柱という比喩で言い表すことも不可能ではあるまい。つまり、これまでの人間の「経験」も、聖書における明らかな「啓示」も、そして普遍的認識原理としての「理性」もまた宗教的寛容を指し示し、支持する、と。

この判断を実証するために、いささかの重複を再度承知しながら、カステリョの寛容論の論旨を『異端論』の他の部分からも探ってみよう。例えば、すでに触れたことのあるラテン語訳旧・新約聖書の献呈の辞である。イングランド王エドワード六世に宛てられたこの献辞においては、寛容論の根拠は主として中間時倫理の暫定性に置かれる。それは直前で挙げた三つの源泉から言えば、聖書、ことに新約聖書に含まれる神の啓示と、それに促される人間の応答の姿勢と関わる。カステリョは言う、この時代のように宗教上の事柄をめぐって、多くの論議のある場合には、モーセの律法よりは福音的勧告に従って、他人を裁かないことにしようではないか。もし人を裁くならば、自分も裁かれるからである。しかも、同じ秤で量られることになるだろう（マタイ六・三七、三八）。[8] ここには、「旧約よりは新約」という急進的宗教改革に共通の姿勢が明確に表れている。そこでは、二つの契約の連続性よりは非連続性が強調されるのが常であった。

しかし、カステリョはここで留まらない。彼はさらに続ける。

わたしの考えでは、むしろローマ法の「暫定性の原理」（jus vindicijs）に従う方が良い。それは次のようなことである。もしだれかが今まで自分を自由人だと見なしてきたのに、奴隷だと主張する他の者らによって法廷に引き出されるようなことになった場合、係争の続く間は暫定的に自由が認められ……結果が明らかとなり、判決が下されるまでは、自由人の身分に留まることである。[9]

これは聖書における啓示とは何の関わりも持たない経験則である。しかし、このような経験にも教えられて、「そうであるならば、それよりもはるかに重大な宗教上の事柄については、ただ義なる審判者を待ち望むこの時にあって、他人に断罪を下さないように注意すべきである。宗教上の事柄は曖昧で、しばしば謎の形でしか示されない。すでに一〇〇〇年もの間論じられてきたのに、ただの一点についても結論が出ていないではないか」[10]。ここには、理性の学の究極目標を無知の自覚に求めたギリシャ哲学の伝統が生きていると言えまいか。そこから生ずる自己抑制、さらに経験の教える強要の無益さ、そして聖書の啓示が命ずる寛仁と相互受容――このように、経験・啓示・理性の三本の柱の上に立つカステリョの寛容論が、その後の寛容論に基本的方向を与えることになったのも当然である。

迫害の論理――知の不確実性

教会史家ベイントンは、宗教の事柄において強制を有効・必然とするこれまでの論拠を以下のように整理している。ベイントンは言う。「そもそも迫害を正当化するためには、人は自分が正しく、問題になっている事柄が重大であり、かつ強制が有効であるという三つの点を確信していなければならない」[11]。第一点、論点の正しさとは、自分が真理を所有している、ないしは「独占」しているという確信である。自己が持っている認識が真理であって、他者は真理を所有しないとすれば、真理そのものの性格からして、非真理の所有者に真理を伝達、あるいは「強要」する必然性も生じてこよう。この点についてカステリョの見解は、前掲ベーズによる『異端は迫害さるべきである』に対する再反論の書『異端は処罰さるべきでない』の冒頭の部分で明らかである。[12] ベリウス（カステリョ）に対してベーズが加えた「新アカデミコス派」という非難に応えながらカステリョは言う。ついでながら、この時代にあっては「アカデミコス派」という呼び名は、プラトンがその哲学を教授したと言われるアカデモスの園から出て、プラトン哲学一般を指すのが常であった。

ベーズよ、第一に、あなたはもろもろの哲学者の間でも最良の学派に非難を加えていることになり、第二には、極めて古くからあったものを「新」と呼び、第三には、ベリウスとその仲間に偽りの事柄を押し付けている。最後に、アカデミコスという名は、彼らよりもむしろあなた自身にもっとふさわしいことになる。第一点に関して言えば、あなたも知るとおり、アカデミコスの目標と基礎は、不確実な事柄（そして彼らはすべてが不確実だと考えた）を確信し、あるいは同意を表することから身を守ることにあったが、それは不確実な事柄を確実であると断定することによって、誤りを犯し、後になって「自分は知らなかった」と言わねばならないことを恐れたからである。実際、「自分は不確実な事柄を断言しようとは思わない」というこの根本主張が、健全で正しいことは判断力を備えた者ならば、だれも否定しないだろう。

このような見解を抱く分派の主要な著作者はソクラテースであるが、彼については「私は自分が何も知らないことを知っている」と言ったと称賛される。彼はキリストの光を持たず、深い暗黒と神の事柄に関する無知の中にあった。したがって、全く明白な事柄に関しては、これらの人々は余りに極端だったことを私は容認する。しかし、不確実な事柄を断言する危険よりは、確実な事柄をも断言しない危険の方が小さいことはあなたも認めなければなるまい。……用心深い無知は、他人についての軽率で無鉄砲な知識の多くよりはるかにましなのである。……ベーズよ、すべてを断言しようとする者たちの知識がどのような結果を生むかを見るが良い。それは哲学者だけに起こるのでなく、同様に、神の民——私はユダヤ人のことを考えているのであるが——にも起こるのである。彼らが聖なる文字の知識にうぬぼれて、神の預言者たち、使徒たち、そしてついには神の御子をさえ死に渡すに至ったことは疑えない。[13]

要するに、この中間時の暫定倫理としては、不確実なことを確実だと断言するよりは、確実なことをも一応不確実として断言を避ける方が実害が少ないというのである。ここからは真理の独占性の主張は出て来ようがない。同じ内容を、以前に挙げたラテン語訳聖書の「献呈の辞」から引証するならばこうなる。

あらゆる宗派は、自分の宗教が神の言葉に従っていると考え、確実だと主張する。カルヴァンは自分の信仰を確かだと言い、他の者は彼らの方が確かだと言う。カルヴァンは他の者が誤っていると言って裁こうとするし、他の者も同様である。いったい、だれが裁判官であろうか。いったいだれがカルヴァンを立てて、他のすべての宗派の仲裁人とし、彼にだけ生殺与奪の権利を与えたのだろうか。彼は神の言葉を保有していると言う。しかし、そうならば、他の者も神の言葉を持っている。もしも、事柄がそれほど確実であるとしても、いったいだれにとって確かなのだろうか。自分にはわからない事はない、と彼は言う。彼はまるでパラダイスにいるかのごとくに語る。しかし、それならば、何故に彼はあれほど多くの著述を明白な真理について書き、自分の言うことが絶対に明らかであることを説明するため、あのように大部な著書を出版するのだろうか(14)。

こうして、第一の論拠は粉砕される。

真理の多様性

迫害の第二の根拠も第一と深く関わっている。すなわち、現に論じられている事柄が重要であり、その「正しい」理解が救いにとって不可欠だという主張である。事柄が重要だという感覚が、その否定は共同体そのものの存立までも脅かすと考えられるほどになる時、迫害が一気に激しさを増すことになるのは当然である。それに対して、信教の自由を弁証した人々は、事柄の重要性に段階あるいは次元を設けて、救いのためにどうしても知らなければならない事柄と、そうではない事柄とを区別しようとした。前にも述べたように、救いへの「根本条項」(fundamenta) と「どちらでも良い条項」(indifferentiae) との弁別である。

すでにこれまでも、カステリョが「どちらでも良い条項」として列挙する事柄を、幾度か目にする機会があった。『異端論』の序文では、洗礼・聖餐・聖徒祈願・義認・自由意志等々とあり、あるいは三位一体論、キリスト論、または（カステリョのジュネーヴ放逐の直接の理由となった）キリストの陰府下り、さらにはもっと広く、死後の魂の状態などもこれに加えられる。[15] これらの神学命題のいずれもが、一六世紀の信仰分裂の時代にあって、カトリックとプロテスタント、さらにはプロテスタント各派の間で、激しい論争の的だったことは改めて言うまでもない。洗礼であれば、自覚的信仰告白を抜きにした幼児洗礼が、救いに至らせる効力を持つのかどうかが争われたし、聖餐については、ミサ聖祭の聖書的根拠から始まって、ルター派とスイス改革派の間では、キリストのからだが、聖餐式のパンと葡萄酒においてどのような形で臨在するのかが激しく論じられた。それは単に神学論争のみならず、政治的にも重大な関連を持っていた。聖徒祈願の問題とは、自分の救いに必要な以上の功績を蓄えることが可能かどうか、さらにそれを教会の権限で分与できるのかどうか、神に対するように、聖母を始めとする聖人に祈願することは許されるかどうか、ことは義認論にも関わってくる。もちろん、義認は信仰と行いをめぐって、「信仰のみ」なのか「信仰と善行」なのかの議論となる。自由意志の問題とは、アダムの堕罪以後も人間の意志はその自由を保持し、救いを欲する力を持つのかどうかという問いで、カトリックとプロテスタントの間、ことにエラスムスとルターとの間で激しく争われた。三位一体論、キリスト論についてはセルヴェトゥスを扱った数節で詳しく述べたとおりである。

仮に、これらの命題を救いにとって「どちらでも良い事柄」と考えるとすれば、反対に「どちらでも良くはないこと」「受容が不可欠であること」は何だろうか。再度、『異端論』から引用するならば、全能の父なる神の存在、その子キリストへの信仰、聖霊の働き、聖書の戒めとなる。(16) もっと言えば、三位一体の神への告白と聖書の倫理の二つ、信仰と生活とに要約できよう。それはすぐれてキリスト教的告白である。

しかし、それではさらにこの告白を越えて、同じく聖書（旧約）に起源を持つ三宗教――ユダヤ教、キリスト教、イスラム――の三つに共通の「根本条項」は考えられるのだろうか。すなわち、一六世紀のヨーロッパで考えられるかぎりでの世界宗教に通底する「根本条項」はあるのだろうか。前掲の『異端は処罰さるべきでない』においてカステリョはこう言う。「唯一の神の存在を否定するような明白な瀆神に関して言えば、それは自然の理法に違反し、すべての国民がこれを判断することができる故、為政当局者はこれを処罰すべきである。……しかし、このような瀆神は特定の神学者の解釈によってではなく、すべての国民の常識に従って判断さるべきである。そうでないと、ルターはツヴィングリを、ツヴィングリはルターを瀆神者と見なすことになるだろう」[17]。善なる唯一の神が存在すること、この世界が神によって創造されたこと、霊魂が不滅であること、普遍的道徳法が存在すること、これらについて一六世紀の人々は自明の真理として受け入れていたので、これらの否定はもはや「異端」に留まらず、それは為政当局者の処罰の対象としての「瀆神」、すなわち無神論に等しいと考える点では、カステリョもまた時代の子であった。このような「不信心な者」(impii) に対しては、為政当局者は極刑をもって臨むのも当然であるとさえカステリョは示唆する。このように見てくると、カステリョの寛容論もまた、一六世紀のヨーロッパ世界という特殊性の制約のもとにあったことは確かである。すなわち、カステリョの寛容論といえども、その射程には一定の限界があることは認めねばなるまい。

強制の無効性

最後に、迫害の論理の第三の柱である「強要は有効かつ有益である」という論題に対しては、カステリョはどう答えるだろうか。ここで手掛かりとなるのはカステリョが一五六二年一〇月、珍しくフランス語で公にした『悩めるフランスに勧めること』(Conseil à la France désolée) という著述である[18]。これまで日本語に訳された唯一のカステリョの著作である。

一五六〇年初期と言えば、王位にあるヴァロワ家、これに対抗するブルボン家、シャティヨン家、そして強くカトリックと結び付くギーズ家などの葛藤の合間を縫って、一五五〇年代以降は「ユグノー」の呼び名で知られるプロテスタントが、着々と勢力を貯えつつある時期であった。一五五九年には、ひそかにパリに集まって「フランス信仰告白」と「教会訓練規定」を採択し、南フランスを中心に「王国内の王国」を形成する途上であった。幼王シャルル九世の大后メディチ家出身のカテリナは、この時点でユグノーへの宥和策に出、一五六一年九月には、ポワシーで、カトリックとプロテスタント双方の神学者の間の宗教討論を開かせ、ベーズもこれに加わっている。翌年一月には条件付き（野外集会に限る）ながらも、ユグノーに対して礼拝の自由さえ許容した。

しかし、これを不満とするカトリック側が一五六二年三月、ヴァッシーのユグノー集会をギーズ家の手兵に襲わせたところから、以後三〇年も断続する宗教戦争の火ぶたが切って落とされることになる。もっとも、史上悪名高い聖バルトロマイの大虐殺のごとき最悪の事態はまだ一〇年も先のことではあったが、カステリョはすでにその予徴を感知していたのである。カステリョは記す、「あなたの病患、すなわちあなたを苛んでいる反乱や戦争の主要かつ実質的な原因は、わたしの見るところでは良心の暴力的侵害にある」[19]。そう言って、カステリョは一五六〇年三月に起こったユグノー派によるクーデターの企てに始まる一連の宗教戦争が、「他の問題もからんでいるにせよ、この戦争の主な原因は、それぞれ自己の信仰を護持しようと望んでいるところにある。この真実を認めたほうがよい」。したがって、「現在の戦いの原因は信仰の強制、良心の侵害にあると結論[20]」される。

良心の自由の訴え

ついでカステリョはカトリックと福音派の双方に向かって、この「良心の侵害」を実例によって訴える。福音派が「教皇を信じようと望まず、ミサや煉獄やこれに類する事柄を信じまいとした」ために、「彼らを追及し、獄に投じ、地下牢に幽閉し、虱責め蚤責めにかけ、泥沼の底、忌わしい闇、死の闇に彼らを繋ぎ、ついには苦しみを長引かせようと計って彼らを生きながらとろ火にかけて焚殺した」が、「こうした制度は聖書に基づいているどころか、その名称さえも聖書には見当たらない。……諸君はカトリック教徒と自称し、聖書に録された普遍的［カトリック］信仰を護持すると公言しておいでだ。しかるに諸君は、聖書に録されたこと以外は信じまいとする人びとを異端とみなし、生きながら火刑に処するのであろうか」。だから「諸君自身の良心に耳を傾けて、他人の良心を侵さぬことを学び給え。些細な被害にも耐えられないのだったら、それ以上の害を他人に及ぼさぬようにし給え[21]」。自分の良心が侵されることに耐えられないと言うのなら、他人の良心をも侵害しないように留意すべきである。

他方、福音派に向かってはこう言う。「かつて諸君は教会のために忍び難き迫害を忍び、諸君の敵を愛し、悪に酬いるに善を以てし、諸君を呪う者に対しても、必要に応じて逃亡する以外になんら反抗を試みることなく、彼らの上に神の御恵みあれと祈ったのであった。……しかるに今や諸君のうちの或る者に見られる著しい変化は、いったいどうしたのであろう。……諸君の説教に彼ら〔カトリック〕を無理矢理出席させ、さらに言語道断ながら若干の諸君は彼らを強制してその良心を曲げさせ、彼らの血をわけた兄弟や信仰に結ばれた兄弟に対して武器をとらせている」。福音派の陥っている誤りは三つである。「すなわち血を流すこと、良心に強制を加えること、諸君の教理と完全に一致しないものは神を信じないものとみなして犯罪者扱いにすること」がそれである。「いったい諸君は、これら三点において自分たちの敵、常日頃諸君が反キリストと呼んでいる者の模倣をしていることに気がつかないのであろうか」[22]。

強要の無益さ

そもそも、信仰を強要することは創造の秩序と矛盾する。「もし神が信仰の強制を命じたとしたら、まず第一に神は自らの創造した自然と矛盾することになったであろう。自然はすでに述べたようにあの定め、すなわち『人からされたくないことを人にするな』という定めを、万人の心に深く深く刻みつけたから、この定めに背くのは悪だと認めずにいられないほど歪んだ、あらゆる知慧とかけ離れた人間は一人としていないのである」[23]。ここには前に述べた認識の源泉としての理性と経験が生きている。

第二に、良心の侵害は神の戒命と矛盾する。すなわち、旧・新約聖書の前例に背反する。「旧約聖書にも新約聖書にも、諸君のように良心に暴力を加えたり加えようとしたりした聖徒は見出されない。いや聖徒どころか、誰一人としてそのような例はないのである。それにまた、万一そういう実例があったにしても、それを前例として真似すべきではなかろう。なぜならばそれは、理性に背き神の戒命に背いた振舞いだからである」[24]。ここでは、正しい認識の源泉としての理性と啓示とが強く意識されていることがわかる。

仮に、旧約聖書には、一見すると神の戒命に背反するような実例が散見されるとしても、今やわれわれは新約の時代に生きている。「われわれがキリストの下にいるということ、他の者が何を言い何をしようと、われわれは彼の教えと実例に従うべきだということである。父なる神はわれわれに向かって、これこそわが愛する子と言われ、われわれは彼に耳を傾け服従せねばならないと言われたのである」[25]。

強制が無益・無効であることは聖書以外の実例からも明らかである。旧約の時代の異邦人に対して割礼を強要した例、もっと近くは、イベリア半島の奪回にからんで、イスラム教徒に洗礼を強要した例などあるが、「強制によって得られたものは何かといえば、結局偽善の徒や似非《えせ》信者を生んだということだけであり、これがためにかえってキリストの御名は瀆されているのである。一歩譲ってこのような強制から多大の善が生ずるとしても、なおかつその方法は不正と言わねばなるまい。善を生むために悪をおこなうべきではないと聖パウロが教えているとおりである」[26]。

結局、宗教の事柄における強制が何を生むかと言えば、肉体の殺害、魂の破滅、自他の信仰のつまずき、さらには異教徒にとってのつまずきのみであって何の実効をも伴わない。「したがって信者を増すことのみを念頭におき、そのために人びとに強制を加える者は、得るよりも失うことが多いのである。少量のぶどう酒の入った大樽を持つ愚か者が、もっとぶどう酒が欲しいからといってその樽に水を満たせば、ぶどう酒は増えるどころか、元からの良いぶどう酒まで台なしになってしまうが、キリスト教徒の数を増したがる連中も同じこと、数を増すどころか、ひょっとしていたかもしれない善良なものまで損なってしまうのだ(27)」。

異端概念再論

次いでカステリョは、私たちがこれまで幾度となく目にしてきた「異端」概念の抜本的再検討を進める。要するに、異端という語はもともと宗派・学派を意味するだけで、「したがって異端者とは本来、ある派に属する人の義である。かつて哲学者の間にはプラトン学派・アリストテレス学派・ストア学派・エピクロス学派などがあり、ユダヤの国にはパリサイ派・サドカイ派・エッセネ派・ナザレ人・レカブ人などがあったし、現代ならばキリスト教徒のすべての派、すなわちローマ・カトリック、ギリシャ正教、グルジア教会、ルター派、ツヴィングリ派、ヴァルド派、ピカルドゥス派、再洗礼派その他がある(28)」。

問題は異端に「正しい」信仰を強要すべきか、それが有効・有益かどうかであるが、強要を是とする根拠として、異端を放任する危険を数える者が少なくない。「異端を生かしておいた場合に生じ得ると思われる不都合な点について語らねばならない。その不都合は二つ起こり得よう。第一は暴動や反乱であり、第二は異端者によって謬った教えが伝播されるかもしれないということである」(29)。しかし、この二つともに根拠のないことは過去の経験が実証するとおりである。「反乱は異端者をなんらの拘束もなしに生かしておくことよりも、むしろ彼らに暴力を加えて殺そうとするところから生ずるのである。それというのも、圧制は反乱を生むものだからである」。第二に、異端者が誤った教説を流布する危険であるが、

　これが何とか手当てをすべき不都合であることは、わたしも充分認める。しかし、治したい病気よりも薬のほうが患者に害を与えるようなことが起こらないよう、注意が肝心である。ところが現に用いられている薬、すなわち異端者の虐待殺戮は、病気そのものより遙かに悪質有害なのだ。……知恵ある者は、二つの悪を共に避けられぬ場合、小さい悪を選ぶ。知恵ある医者は病人を殺すよりは病気をそっとしておき、知恵ある農夫は雑草を抜こうとして良い麦までいっしょに抜いてしまうよりは、雑草が育つに任せる。……要するに今日、キリスト教には多くの派が出現して、よほどの物識りでなければその一々を列挙できないありさまであり、しかも各派がそれぞれ、自分たちこそほんとうのキリスト教徒で他派は異端だと考えているのであ

るから、もしわれわれが異端者弾圧追及の法律を認めてしまえば、われわれはミデアン人さながら同胞相討つ戦いに捲き込まれ、お互いに噛み合い食い合うほかはなく、その果ては聖パウロの言うとおり、お互いに滅ぼされてしまうであろう。これこそもう一つの不都合に較ぶべくもない大きな不幸である[30]。

カステリョの結論はこうである、「良心に強制を加えることをやめよ、信仰の故に人を殺すのは言わずもがな、迫害追及することもやめよ、キリストを信じ旧約聖書新約聖書を受け入れるあなたの国民に、他人の信仰ではなく彼ら自身の信仰に従って神に仕えることを許せ[31]」と。

注

(1) *De haereticis*　五頁。
(2) 同上　一一頁。
(3) Charles Baudouin, tr. éd. *De l'art de douter et croire, d'ignorer et de savoir (Genève : Edition Jeheber, 1953)*.
(4) 同上　二〇頁。
(5) 同上。
(6) 同上。

(7)　同上　二一一頁。
(8)　*De haereticis* 二二〇頁。
(9)　同上　二二一頁。
(10)　同上。
(11)　ベイントン『宗教改革史』二三五頁。
(12)　Ed. M.Valkhoff (Genève : Librairie Droz ; 1971)
(13)　同上　二二四～二二五頁。
(14)　この文章はカステリョ自身の『異端論』では省略されている。引用は Bainton, *The Travail of Religious Liberty* 二一四～二一五頁。
(15)　*De haereticis*　五頁。
(16)　同上　二一〇頁。
(17)　同上　三九二頁。
(18)　二宮敬訳「悩めるフランスに勧めること」(『ルネサンス文学集』世界文学大系、筑摩書房、一九六四)。
(19)　同上　二七六頁。
(20)　同上　二七八頁。
(21)　同上　二七八～二八〇頁。
(22)　同上　二八一～二八二頁。
(23)　同上　二八六頁。
(24)　同上　二八八頁。
(25)　同上。

(26)　同上　二八九頁。
(27)　同上　二九二頁。
(28)　同上　二九八頁。
(29)　同上　三〇五頁。
(30)　同上　三〇五～三〇六頁。
(31)　同上　三〇八頁。

終　章

カルヴァン「弁証論」

セルヴェトゥスの刑死から僅か数ケ月後の一五五四年二月末、カルヴァンは処刑を正当とする長文の弁明書を公にした。『聖なる三位一体の正統信仰を弁証。スペイン人ミカエル＝セルヴェトゥスの途方もない謬説を駁す。異端は正当にも剣によって強制さるべきこと』と題されたこの文章の中で、カルヴァンは、短期間に慌ただしく書かれたこの書が十分に意を尽くさず、かえって誤解を生む恐れを案じると言いながら、大要以下のような論旨を展開した。(1)

根底にあるのは、為政当局者が、神の栄光を損ない、その栄誉を軽侮するような者を懲戒することは、単に合法的であるだけでなく、むしろ要求されているという主張である。カルヴァンによれば、この点については長々と論証する必要がない。なぜならば、人々の間で正当な秩序を保持することは、為政当局者の当然の義務また権利だからである。神の栄光が問題になっている場合には、あらゆる人間的配慮を没却しなければならない。

カルヴァンは、このような大前提に対して反論が提起されるであろうことを十分に予測する。まず、真理というものは「肉」、すなわち人間の腕の力で保持されるものではないという論議である。

カルヴァンは言う、「信仰が人間的な能弁の上に構築されるとすれば、それは不条理であることを私もまた容認する……真理はただ神の御手のみによって支えられるので、人間の援助を少しも必要とせず、十字架のもとでの勝利を得るのは事実であるが、しかも神がよしとされる時、当局はそれにいくばくかの支援が可能なはずである」。

さらに、「人間は信仰へと強要され得ない、信仰は自発的で柔軟な服従にほかならない」という論議があるだろう。カルヴァンの反論はこうである。ここで問われているのは異端を強いて信仰へと立ち帰らせることではなくて、神に対する侮辱を罰することである。君侯は人間の心の中へと立ち入り、神に従順を尽くすに至るまで心を揺り動かすことはできないが、しかも彼らの天職は神の名が罵倒されたりしないように配慮するにある、と。

第三に批判者は続けるだろう。「キリストの弟子たちは、その主と同様に、寛容に満ちていた」。答えはこうなる。「キリストご自身も、父なる神の宮である神殿が商売人によって汚されているのを目にした時、縄の鞭をもってこれらを追い出されたし、為政当局者に剣が天から与えられているのは、あからさまに神を笑い物とし、その聖所を冒瀆する背信の徒輩を抑制するためにほかならない」。異端に対し人間味をもって遇せよと主張する者は、哀れな小羊を餌食とする狼を容赦せよと言うに等しい。異端がその偽りの教義をもって魂を殺し、害毒をまき散らすのを妨げるために、神は剣の権能を為政当局者に授けたのである。――まことに直截な論理の運びであり、そこには一片の疑念の雲さえもうかがえない。

ところで第四の批判はいっそう鋭い。彼らは言うだろう、これでは同信のユグノーたちが、現にフランスなどでこうむっているカトリックの宗教裁判と異なるところがないではないか、と。カルヴァンの反論はこうなる。カトリックが改革派に加える迫害は、二つの理由から咎められるべきである。第一には、彼らの信奉する教えが誤りであること、第二には彼らの所行が峻厳というよりは残虐なことである。「迫害者が剣を振るうからといって、善良で信仰深い為政当局者が、教会を保全するために権杖を発動することが妨げられてならない」。アウグスティヌスも言ったように、殉教者を作り出すのは、処罰の事実ではなく、その理由だからである。

ここには、見事なばかりに、前の章で挙げた「迫害の論理」が表出されている。いささか繰り返しになるかも知れないが、それは真理の独占の主張、事柄の重要性の確信、そして強制の有効性の信念であった。カトリックが福音派に加える迫害は、彼らが真理を持たない故に誤っており、正当化の余地はない。異端が関わっているのは、あらゆる事柄でも、最も重要な「神の栄光」そのものの侵害であるからには、一点・一画をも揺るがせにはできない道理となる。

カステリョは直ちに論駁のペンを執った。『異端は正当にも剣によって強制さるべきことを弁証するカルヴァンの小論を駁す』と題されたこの著は、しかしながら、執筆から六〇年以上も後の一六一二年にオランダで公刊されるまで、陽の目を見ることはなかった。皮肉にもヴァティカヌスなる架空の人物とカルヴァンの対論の形を取ったこの書は、前述のカルヴァンの論著を逐条的に批判する。しかし、その論旨のほとんどは、すでにこれまでの各章で目にしたのと大同小異なので、これ以上その子細に立ち入ることはしない(2)。

ベーズの『処罰論』

さて、カステリョの『異端論』の出版の後、ジュネーヴ教会を代弁して論戦を買って出たのは、前述のとおりテオドール＝ド＝ベーズであった。『異端は俗権によって罰せられるべきこと、マルティヌス＝ベリウスと新懐疑派のごたまぜ粥に反駁する書』において展開されたベーズの論理は、基本的には、宗教上の分裂は共同体そのものの安寧・良俗を損い、したがって、その制圧は世俗の為政当局者の責務であるとするものであった。ことにベーズの憤激を買ったのは、セルヴェトゥスの火刑をもって、あたかも神ご自身がモロクの偶像に変身したかのごときカステリョの論調であった。「ダタンとアビロンが〔大地の割れ目に〔民数記一六章など〕〕呑み込まれたからといって、神がモロクであるとでも言いたいのだろうか。神はご自身の尊厳を擁護しておられるのだ」。セルヴェトゥスは火焔の只中でもキリストの御名を呼び求め続けたと言うが、彼は死に至るまで涙ながらの勧告を受けたのだった。「キリストが神の永遠の御子であると告白するように、と。しかし、彼はキリストが永遠の神の御子であるとしか告白しようとしなかった。このような告白では不十分だと指摘されても、彼は神の御子に当然の栄誉を帰するよりは、黙り込む方を選んだのだ。これがキリストの御名を呼び求めることと言えると思うだろうか。決してそうではない」(3)。

カステリョ『非処罰論』 時を置かずペンを執ったカステリョが、一気に書き上げた再反論の著述『異端は俗権によって処罰さるべきではない。マルティヌス＝ベリウスを支持し、テオドール＝ベーズの小著を論駁する』（バシリウス＝モントフォルティウス著）が、フランス語訳と共に活字となって人々の目に触れるようになるのは、執筆から四〇〇年以上も後の一九七一年のことであった。ベーズの批判を逐一取り上げて反論を試み、最終的には印刷頁で二〇〇を越えるに至ったこの著述の内容にはすでに何度か言及したので、この限られた紙幅の中でこれ以上詳述することは控えよう。ただ、「全論争の結論」と題された最後の部分を短く紹介するならば、以下のようである。

我々は言いたい、為政当局者は、キリストの到来に先立ち、神によってすでに立てられていた世俗的な秩序であって、教会の秩序ではない。それは単にキリスト者にとってのみならず、すべての民にとっても共通に有益である。それはキリストの到来に先立って、すべての民、国民の間に存在していたからである。

我々は言いたい、この秩序はすべての国民の間で不可欠である。彼らは犯罪を起こすので、剣によって処罰されなければならないからである。人間が邪曲であればあるほど、それだけこの秩序は不可欠である……明白な瀆神者、すなわち、唯一の神が在すことを否認したり、承知の上で冒瀆するような者に関しては、このようなことは自然の法に逆らい、すべての国民もこれを裁く以上は、すべての為政当局者はこれを処罰すべきである。このような明白な瀆神を理由として、キリスト教の為政当局者がトルコ人を、あるいはトルコ人の為政当局者がキリスト者を処罰することは、国別にかかわらず強盗を処罰するのと同様に正当なことである。

しかし、瀆神の処罰はすべての国民の良識によるべきで、神学者たちの特殊な解釈によるべきではない。そうでないと、ルターはツヴィングリを、ツヴィングリはルターを瀆神者と見なすことになり、万人の間で互いをそう見なすことになる。このような解釈は自然の感覚からではなく、ある種の神学者たちの憎悪と嫉妬から生ずるからである。……異端説に関しては為政当局者が裁くべきでないことは、ベーズ自身が書いているとおりである。ただ我々は付言したい、為政当局者が認識したり判断したりできない犯罪は処罰すべきではない。それらは各自の良心に関わることであり、為政当局者は残忍さに仕えるわけではないからである。

あなたがたカルヴァンの徒輩、あるいは全体的にスイスの諸教会よ、私はあなたがたに自分の職を守るように勧告した。今日、時代がどのような状況であるかを十分に見るがよい。あなたがたは望んでいないかも知れないが、君侯たちはあらゆる機会を捉えて血を流すのに忙しい。イタリア、フランス、ドイツ、スペイン、そしてイングランドで、神を畏れる者たちの血がおびただしく流されているではないか。あなたがたの間には敵意と憎悪と分争が、ひそやかにせよ、あらわにせよ、満ちみちている。あなたがたの間で愛が冷え切っていることは、なにびとも否めない。あなたがたは自分自身の眼でもって、あなたがたの宗教が日に日に衰退していくのを見ているではないか……。

私はあなたがたの心がどれほど頑迷で、考えを変えたり、一度下した判決を取り消したりすることをよしとしないかを知っている。それは不名誉だと案ずるからである。しかし、誤りの中に留まる方がはるかに大きな不名誉なのだ。短時間誹謗されるよりも、永遠の苦痛を耐える方がはるかに悲惨である。(4)

カステリョとジュネーヴの神学者たちの間の論争はさらに続く。同じ年、一五五四年、カステリョはそのラテン語訳聖書再版の公刊を試みる。しかし、カステリョがパウロの「ローマの信徒への手紙」九章に付した「注記」がカルヴァンの激烈な批判を呼び起こした。そこでカステリョは、「ある者を救いへ、しかしある者を滅びへと定められる神の永遠の令旨」というカルヴァンのいわゆる「二重予定論」を退け、人間をご自分の似像として創造された神が、人間に善と悪を選択する自由をも与えられた以上、救いと滅びはまさに人間自身の自由意志に懸っていると論断した。それはカルヴァン神学の根底を揺るがしかねない問題提起であった。果然、ジュネーヴ政府はバーゼルに対して、すでに一五二四年以来敷かれていた「検閲」制度の厳格な運用を要求する。政治的波及結果を憂慮したバーゼル市当局はジュネーヴの強い姿勢に屈し、前記のカルヴァン反論を含めて、カステリョに対し刊行停止処分を決定する。いわば、「箝口令《かんこうれい》」にほかならない。(5)

こうして表現と出版の自由さえも束縛されたカステリョは、次第に心の内面の世界へと沈潜するようになる。その表れが、一五五七年一月に出版された『ドイツ神学』のフランス語訳であり、最後には、その死の年に刊行された『キリストに倣いて』(『イミタティオ・クリスティ』)である。前者がルターの「福音の再発見」に大きな影響を及ぼしたこと、そして後者が中世末期の「新しい敬虔」の類いまれに純粋な表出であることは、周知のとおりである。両者いずれもが内的と外的、霊的と肉的、見えないものと見えるものとの峻別に立つ神秘主義への傾斜、教養的・組織的なものよりも単純で倫理的なものを重視する実践的傾向を特色とし、カステリョの精神形成の根底にあったことは改めて言うまでもない。

ヨーリス事件

ところで、そのカステリョの内面の静謐《せいひつ》を脅かす事件が一、二年後に起こる。ダーヴィト＝ヨーリス事件がそれである。ヨーリスは一五〇一(〇二?)年頃、オランダのヘント、あるいは現在のベルギーのブリュージュで生まれ、もともとはステンドグラスを扱う画工であったらしいが、折からネーデルランド一帯を被っていた宗教的騒擾の只中で福音主義に引き付けられ、一五二八年には居住していたデルフトで瀆聖のかどをもって投獄された。おそらくこの頃から、成立間もない再洗礼派に加わり、その美貌と雄弁とによって、一群の信奉者を東フリースラントのオルデンブルクに集めた。彼がヨハネ黙示録に基づく終末の時の幻視・幻聴を、『奇蹟の書』の題名で書き下ろすのは一五四二年のことであった。一五三八年、ハーグの宗教裁判所は異端のかどをもって極刑を宣告し、その母親や信徒の多くは処刑されたにもかかわらず、ヨーリス自身は転々と居を変え、最後に亡命を求めたのがバーゼルであった。一五四三年四月、家族と信奉者を伴ったヨーリスはバーゼル市議会に出頭し、ヤン＝ファン＝ブリュッヘと名乗って亡命を求めた。立派な押し出し、見事な赤髭、多大な資産とがバーゼルの人々を驚かせた。バーゼルにはまだ、亡命者の宗教上の立場を云々しない寛容の伝統が生き続けていた(6)。

バーゼル市内に邸宅を構え、家人や下僕にかしずかれながら、絶えず文を草し、画に浸り、その子女二人もそれぞれバーゼルの旧家と婚を通じているこの文人ファン＝ブリュッヘが、実は再洗礼派の大異端ダーヴィト＝ヨーリスであることに気付く者はだれ一人としていなかった。その間もヨーリスは神秘的体験と瞑想を文章にしてはオランダに送り、絶え間なくこれを印刷させていたが、それとてもバーゼルの公安を脅かしたわけではない。

そのヨーリスのもとにも、一五五三年初秋、セルヴェトゥス事件の噂が伝わって来る。奇矯な信仰内容を事由として身の安全を奪われ、名を偽って世を送る自分の境涯が、セルヴェトゥスと二重写しに見えたとしても何の不思議もないだろう。ジュネーヴがスイス諸都市の見解を求めていると耳にしたヨーリスは早速にペンを執り、信教の自由をめぐる一文を草してバーゼル市議会へ提出した。オランダ語だったためもあろうし、その内容が問題だったこともっと大きな理由と思われるが、バーゼル市議会が耳を籍した痕跡は見当たらない。どのような理由からか、この文章は現在アムステルダムの再洗礼派古文書庫に残されている。その論旨はおおむねカステリョの寛容論と異なるところはないが、強いて言えば、ヨーリスにあっては信仰の事柄の内面性が前面に打ち出され、したがって外面的な為政当局者による強要や迫害が無意味と断定される。

もしも異端を殺すようなことが大手を振ってまかり通るならば、この地上に生き残る者の数はどれほどとなろうか。各自が他を異端と見なすからである。かくして、ユダヤ人もサラセン人もトルコ人もキリスト信徒を異端と見なし、他方、キリスト信徒も彼らを異端とする。教皇派、ルター派、ツヴィングリ派、再洗礼派、カルヴァン派、アディアフォラ派〔メランヒトン派〕は、それぞれ互いに他を非とする。しかし、こうした意見の差異を理由として互いに憎悪し殺し合うべきなのだろうか……。仮に、かのセルヴェトゥスが神の前で異端・邪宗の徒であろうとも、その肢体に危害を加えることなく、むしろ親切に勧告を与え、もしもその頑迷さを捨てず、その教説によって平和を乱すことを止めないならば、これを町から追放するだけで十分である。(7)

カステリョとは無関係に、ここにも信教と良心の自由の声は聞かれるのである。

晩年に及んでヨーリスの身辺には、一方で、ヨーリスの平穏な生活を、かつての生き方からの変節と見なす一部の過激な信奉者たちによる憤懣の念が、他方では、隠しても隠し切れない異端の猜疑の霧が立ちこめるが、それでもヨーリス自身は一五五六年八月、安らかに世を去った。しかし、その死から二年後の一五五八年秋、内部告発を受けたバーゼル市当局は重い腰を上げざるを得なくなる。皮肉にも、審問官に任ぜられたのは、十数年前にカステリョがジュネーヴを追われた時、庇護の手を差し伸べた老ボニファーティウス゠アーメルバハであった。年が明けた三月の家宅捜査は、かの人徳高いヤン゠ファン゠ブリュッヘが、実はダーヴィト゠ヨーリスの世を忍ぶ姿であったことの動かぬ証拠をもたらした。その処分について諮問を受けたバーゼル大学は、ローマ法に則って、異端の遺骸を発掘し、これを焼き捨てるべき旨を答申する。さらに、大学に関わるすべての教授たちは、ヨーリスの誤謬を唾棄すべきものと見なすという誓約書に署名を求められる。カステリョもまた例外たり得なかった。

五月一三日、バーゼルの町の広場を埋めた群衆の前で、ヨーリスの掘り出された遺骸は火刑柱にくくりつけられ、大きな箱一杯の著書と共に焼き捨てられた。幾分かは生前の面影を残したままであったと伝えられるが、すでに痛みも苦しみも感じない身であっただけ、ヨーリスはセルヴェトゥスより幸いだった。群衆に混じってこの惨劇を目のあたりにしながら、カステリョはそう思ったに違いない。

残された数年の歳月を生きるべく、広場を去って家路に着くカステリョの胸中を去来したのはどのような思いだったろうか。異端迫害は、異端説よりももっと邪悪な虚偽と偽善とを生むに過ぎないことは明らかだった。そして、そのカステリョ自身も、ヨーリスへの異端論断に加わったのである。しかし、いったい誰がこのカステリョに向かって石を投じられるだろう。あれから四〇〇年たった二〇世紀とても、共産主義、ナチズム、ファシズム、軍国主義、国家主義、反共主義……、近くは「学園紛争」と、事例にはこと欠かなかったではないか。歴史を繰り返させないことは何と至難のわざなのだろうか。

カステリョ自身が予感したように、イタリアでも、ドイツでも、フランスでも、スペインでも、そしてイングランドやネーデルランドでも宗教戦争の激浪が高まるにつれて、カステリョの逼塞感《ひっそくかん》は強まるばかりであった。一時は東欧ポーランドへの移住をさえも真剣に考慮したと伝えられる。当時、いまだ中央集権化の届かないポーランドには、一種の宗教的寛容が残続していたからである。

そこにはカルヴァン主義に立つ官憲的宗教改革のヤン＝ラスキ（一五六〇没）も、反対に、反三位一体論の二人のソッツィーニ（レーリオ一五六二没、ファウスト一六〇四没）も逃れの町を見いだせたのであった。

いずれにせよ、唐突な死が苦渋に終止符を打った。一五六三年一二月二九日、カステリョは四八歳の若さで世を去る。心筋萎縮だったと言われる。その死の二ケ月前の一一月一日付けの遺書には、再婚の妻マリーや子供たちに宛てて「神を信じ、畏れ、愛し、その戒めを守り、神がやもめや孤児の父であって、あなたがたを見棄てることはないと信じなさい。しかし、もしあなたがたが神を捨てるならば、神もあなたがたを捨てられるであろう」と記されていた。それこそは、彼が生涯をかけて弁証しようとした最小限の「根本条項」にほかならなかったのである。

遺体は大聖堂教会の一廓に埋葬されたというが、四〇〇年の歳月はその痕跡さえも消し去った。残っているのは、その著述だけであるが、それさえも多くは未公刊のままだった。

信教と良心の自由への途は、なおも遠く、狭く、嶮《けわ》しかったのである。

注

（1）*Calvini Opera* VIII　四五三〜五〇〇　*Defensio Orthodoxae Fidei de Sacra Trinitatis, contra prodigiosos Errores Michaelis Serveti Hispani : ubi ostenditur Haereticos jure gladii coercendos esse.*
　Doumergue, Jean Calvin VI　四〇九〜四二九頁。

（2）*Contra Libellum Calvini, in quo ostendere conatur haereticos jure gladii coercendos esse.*

（3）Bainton, *Concerning Heretics*　一〇九頁。

（4）*De L'impunité des hérétiques*　三九一〜三九四頁。
　Bruno Becker, 《*Un manuscript inédit de Castellion*》 *Castellioniana Quatre Etudes sur Sebastien Castéllion et l'idée de la tolérance* (Leiden : E. J. Brill, 1951).

（5）Delormeau, 前掲書　六六頁。

（6）Bainton, *The Travail of Religious Liberty*　一二五頁以下。

（7）Bainton, *Hunted Heretic*　三〇五頁以下。

あとがき

私はもともと、自分の信仰的源泉でもあるジュネーヴの宗教改革の歴史と神学思想とを専攻してきた人間である。それは自分自身が属するキリスト教の伝統を、現代との関わりで、再度確認し直そうとする作業でもあった。

勉強を続ける間にも次第に明らかになってきたのは、一般に「宗教改革」と総称される一六世紀ヨーロッパの事象の広さ、長さ、深さであった。いわゆる「福音主義（プロテスタント）宗教改革」のみならず、中世以来のローマ・カトリック教会の自己改革の努力は言わずもがな、反対に福音主義教会の改革成果をもってすら不十分として、もっと徹底的な改革――その原理・源泉は異なるとしても――を要求してやまない個人や集団を抜きにしては、宗教改革の全体像は把握できないと思うに至った。

このような「開眼」には、私のイェール大学留学以来の恩師ローランド＝H＝ベイントン教授の影響も小さくなかった。ベイントン教授は人も知る宗教改革史の専門家であるが、その著作はルター研究を始めとして、人文主義者のエラスムス、さらには本書にも末尾で登場する「異端」のヨーリス、本書の中心人物たるカステリョの『異端論』の英訳に至るまでまことに幅広い。私自身のなし得たところは僅少にすぎないが、今この小著のペンをおくに当たって、亡き恩師を思うこと切なるものがある。

カステリョについて書いてみたいという思いは、長年私の胸中にあったが、実際には清水書院の清水幸雄氏の強い慫慂《しょうよう》なくしては実現しなかった。本シリーズ執筆の機会を与えられたことを深謝する次第である。また、面倒な編集の責めを負って下さった高田和則氏にも心からの謝意を表したい。

本小著の執筆を始めてから僅か二年ほどの間にも、二〇世紀そのものを根底から問い直させるほどの出来事が、次々と起こった。ベルリンの壁崩壊に続くソ連邦の瓦解がその最たるものである。こうして、イデオロギー的真理の独占の要求は失敗に終わったかのごとくであるが、規模こそ違え、今もなお宗教や民族、思想や体制の差異に発する対立・抗争・迫害・簒奪は増えこそすれ、減少のしるしさえも見えない。このような時代に、もう一度カステリョに聴くことの意味を確信する次第である。

一九九四年　初夏　　仙台にて

カステリョ年譜

西暦	年齢	年譜	参考事項
一四三六頃			ヒメネス出生（一五一七没）
一四六六頃			エラスムス出生（一五三六没）
一四八二			エコランパーディウス出生（一五三一没）
一四八三			ルター出生（一五四六没）
一四八四			ツヴィングリ出生（一五三一没）
一四八九			ミュンツァー出生（一五二五没）
一四九一			ブツァー出生（一五五一没）
一四九九			ブレンツ出生（一五七一没）
一五〇五			ルター修道院入り
一五〇九			カルヴァン出生（一五六四没）

一五一一			セルヴェトゥス出生（一五五三没）
一五一五		サン-マルタン-デュ-フレヌで出生	
一五一七			ルター「九十五条提題」
一五一八			ハイデルベルク討論・アウクスブルク審問。ツヴィングリ、チューリヒ着任
一五一九			ルター、ライプツィヒ討論
一五二〇			ルター、破門警告状を焼く
一五二一			ルター、ヴォルムス帝国会議に臨む
一五二三			カルヴァン、パリで学び始める。第一、第二チューリヒ討論。エコランパーディウス、バーゼルに到着
一五二四～五			ドイツ農民戦争、ミュンツァー敗死
一五二五			チューリヒ宗教改革ほぼ完成。最初の「再洗礼」執行
一五二七			再洗礼派マンツの処刑

一五二八			ブレンツ『俗権論』刊行
一五三〇			セルヴェトゥス、スペインからドイツへ（バーゼル、ストラスブール）
一五三一頃			セルヴェトゥス『三一論の誤謬』秘密刊行
一五三二			セルヴェトゥス、パリまたはリヨンへ
一五三三頃			カルヴァンの「回心」
一五三四			カルヴァンの国外亡命
一五三三～四			再洗礼派のミュンスターの乱
一五三五			カルヴァン、バーゼルへ亡命
一五三六			カルヴァン『キリスト教綱要』初版刊行。ジュネーヴ福音主義改革の発端。カルヴァン、ジュネーヴ着任
一五三八			カルヴァン、ジュネーヴを去り、ストラスブールへ亡命
一五四〇頃	二五	福音主義への「回心」 ストラスブールのカルヴァンのもとへ亡命	

一五四一	二七	ジュネーヴに着任	カルヴァン、ジュネーヴ帰任
一五四二		学校長就任宣誓	ジュネーヴにペスト流行
一五四三～四	二八	ユジィヌ＝パクロンと結婚	
一五四四	二九	『聖対話篇』編訳出版計画 カルヴァンおよび牧師会と対立	
一五四五	三〇	『聖対話篇』刊行 ジュネーヴ退去、バーゼルへ	
一五四六	三一	バーゼル大学人文学部入学 『ラテン語訳聖書』刊行	ルター死去
一五五〇	三五	妻ユジィヌ死去、マリーと再婚	
一五五一	三六	『ラテン語訳聖書』完成刊行	
一五五三	三八	バーゼル大学で修士号取得 ギリシャ語教授に就任	セルヴェトゥス『キリスト教復興論』秘密出版（一月） ヴィエンヌ宗教裁判、セルヴェトゥスに火刑宣告、脱獄して失踪（三月、四月） セルヴェトゥス、ジュネーヴで逮捕・裁判・処刑（八月～一〇月）

一五五四	三九	『異端論』刊行 『カルヴァン駁論』執筆（未刊） 『異端非処罰論』執筆（未刊）	カルヴァン『正統信仰弁証』刊行。ベーズ『異端処罰論』刊行
一五五五	四〇	『フランス語訳聖書』刊行	
一五五八	四三	『ドイツ神学』フランス語訳刊行	ヨーリスの死後裁判
一五六二	四七	『悩めるフランスへ』刊行	
一五六三	四八	『キリストにならいて』刊行 一二月死去	
一五六四			カルヴァン死去

索引

【事項】

【人　名】

カステリョ■人と思想120　定価はカバーに表示

1994年10月15日　第1刷発行©
2015年9月10日　新装版第1刷発行©

・著　者 ……………………………… 出村《でむら》　彰《あきら》
・発行者 ……………………………… 渡部　哲治
・印刷所 …………………………… 広研印刷株式会社
・発行所 ………………………… 株式会社　清水書院

〒102-0072　東京都千代田区飯田橋3-11-6
Tel・03(5213)7151～7
振替口座・00130-3-5283
http://www.shimizushoin.co.jp

検印省略
落丁本・乱丁本は
おとりかえします。

CenturyBooks

Printed in Japan
ISBN978-4-389-42120-5

CenturyBooks

清水書院の〝センチュリーブックス〟発刊のことば

近年の科学技術の発達は、まことに目覚ましいものがあります。月世界への旅行も、近い将来のこととして、夢ではなくなりました。しかし、一方、人間性は疎外され、文化も、商品化されようとしていることも、否定できません。

いま、人間性の回復をはかり、先人の遺した偉大な文化を継承して、高貴な精神の城を守り、明日への創造に資することは、今世紀に生きる私たちの、重大な責務であると信じます。

私たちがここに、「センチュリーブックス」を刊行いたしますのは、人間形成期にある学生・生徒の諸君、職場にある若い世代に精神の糧を提供し、この責任の一端を果たしたいためであります。

ここに読者諸氏の豊かな人間性を讃えつつご愛読を願います。

一九六七年

SHIMIZU SHOIN